LES MAGISTRATS

DU MÊME AUTEUR

LES ENFANTS DEVANT LEURS JUGES, Éditions familiales de France.
LE JUGE DES ENFANTS, Éditions Sirey.
ÉTUDES DE CRIMINOLOGIE JUVÉNILE, P.U.F.
L'ENFANCE DÉLINQUANTE, P.U.F.
LES DROITS DE L'ENFANT, P.U.F.
DÉCONCERTANTE JEUNESSE, P.U.F.

JEAN CHAZAL

LES MAGISTRATS

BERNARD GRASSET
PARIS

Conseiller d'édition : Claude Helleu.

SOMMAIRE

PRÉAMBULE

Je me suis intéressé avant tout dans cet ouvrage à la magistrature professionnelle de l'ordre judiciaire, celle qui compose les tribunaux d'instance, les tribunaux de grande instance, les cours d'appel, la Cour de cassation. Elle couvre l'ensemble de la justice civile et de la justice pénale.

Je n'ai pas abordé le problème particulier des juridictions pénales d'exception, telle, à l'heure actuelle, la Cour de sûreté de l'État, qui a compétence pour connaître les crimes et délits contre la sûreté de l'État et certaines autres infractions menaçant les institutions par la nature ou par l'ampleur des troubles qu'elles provoquent.

Je n'ai évoqué :

— ni les magistrats relevant de l' « ordre administratif » : les tribunaux administratifs et le Conseil d'État, prestigieuse assemblée qui fonctionne à l'échelon national.

— ni, parmi les magistrats de l'ordre judiciaire, ceux qui n'exercent pas leur judicature à titre professionnel. C'est le cas des tribunaux de commerce et des conseils des prud'hommes, composés exclusivement de juges élus, représentant les uns les commerçants, les autres les salariés et les employeurs,

— ni les juridictions dont seul le président est un magistrat de carrière (telles les commissions contentieuses de première instance en matière de Sécurité sociale, les tribunaux paritaires des baux ruraux).

J'ai voulu dans ce livre exprimer les libres réflexions qui me sont venues à l'esprit à la faveur des fonctions très variées que j'ai exercées dans la magistrature. Elles sont inspirées par l'actualité des problèmes de la Justice.

N.-B.

Il fut une époque où dans tous les collèges, écoles et lycées de France figuraient aux programmes des leçons d'instruction civique. Elles étaient insipides ou attrayantes, tout dépendait de la qualité du maître. Mais le tissu social était suffisamment solide pour que l'on prît au sérieux un enseignement préparant de jeunes Français à devenir des citoyens. Aujourd'hui ces leçons sont en général rangées au magasin des accessoires.

Aussi, dans le souci de faciliter la compréhension de l'organisation de la justice en France à ceux qui n'y seraient pas initiés, j'ai donné un certain nombre d'indications sommaires dans une annexe figurant à la fin du livre.

CHAPITRE PREMIER

LA JUSTICE CONTESTÉE

L'opinion publique conteste la justice et les magistrats qui la rendent :

La justice est archaïque.

Elle est trop lente.

Elle est trop coûteuse.

Elle est trop compliquée.

Elle s'exprime dans un jargon incompréhensible.

Le juge obéit au pouvoir politique.

Il ne parvient plus à faire exécuter ses décisions.

Il frappe durement les pauvres gens.

Il est trop sévère pour les petits délits.

Il est trop faible envers les gangsters et les voyous.

Devant la justice les « gros » s'en tirent toujours.

Les sondages récents nous révèlent qu'une majorité des Français a une mauvaise opinion de la justice. Une enquête de la SOFRES effectuée au début de l'année 1977 pour la Chambre nationale des huissiers de justice, et publiée en partie par *Sud-Ouest* [1], indique que 71 % de nos concitoyens sont assez, ou très, mécontents

1. 25 février 1977.

de la justice [2]. Un sondage effectué six ans auparavant par le même institut pour le compte du *Pèlerin du XXe siècle* révélait déjà que 49 % des Français seulement estimaient que les juges étaient équitables.

Avant que se déclenchât ce mouvement dans l'opinion publique, puis parallèlement à lui, de sérieuses critiques s'élevèrent au sein même de la magistrature, qui constituait jusqu'alors un corps dont l'esprit « bien pensant » était couramment admis. Les regards officiels furent choqués. Depuis longtemps, des doléances fusaient ici et là, mais elles ne sortaient guère du monde judiciaire. Elles étaient discrètes, enrubannées, amorties, en bref des critiques de bon ton et de bonne compagnie. C'est le Syndicat de la magistrature — près d'un quart des magistrats, jeunes et moins jeunes, y adhérèrent rapidement — qui sonna le branle-bas.

Faut-il désapprouver la contestation interne? Je ne le pense pas. Il est vrai que le syndicat a formulé des critiques outrancières ou radicales, mais bien d'autres étaient justes et pertinentes.

Un lot de jeunes magistrats frais émoulus de l'École nationale avaient été agacés par une sorte de *black out* qui, sur certains sujets, régnait dans l'enseignement. On y restait pudique sur les défectuosités du service judiciaire, ce qui eut pour effet de rendre plus vif l'esprit de contestation de jeunes hommes et de jeunes femmes avides de justice, d'une justice certes teintée d'idéologie; ils avaient humé l'air de mai 1968.

Si je devais à mon tour critiquer les censeurs, je les chicanerais plutôt sur la méthode. Peut-être est-ce dû à

2. Enquête complète (*Un nouvel auxiliaire de justice pour un nouveau droit des poursuites*) publiée par la Chambre nationale des huissiers de justice, à la suite du congrès de Grenoble de mai 1977.

ce que je n'ai pas de goût pour le déballage et le vacarme. C'est sans doute naïveté de ma part de croire encore qu'une cause s'impose seulement parce qu'elle est juste. A ceux qui la défendent il faut, hélas, le secours du tam-tam et des pressions de masse.

Le syndicat a voulu se faire entendre. Il a fait appel aux *mass media.* Ils ne demandaient qu'à être mobilisés et à servir de relais amplificateur.

Il est des mécanismes psychosociaux à prendre en considération pour modérer, pour aussi nuancer, les réactions de mécontentement de la population. Les sondages ne sauraient s'encombrer de demi-teintes; ils procèdent par éclairages contrastés.

Le Syndicat de la magistrature avait déjà dénoncé bien des défectuosités de la justice, la presse et les ondes avaient largement diffusé les critiques, lorsque le public se mit massivement à confier ses doléances aux instituts de sondage. De nombreux Français, impressionnés par ce que disaient d'eux-mêmes les juges, ont fait chorus.

Les magistrats sont les plus qualifiés pour toucher du doigt les tares du système et bien placés pour constater ses malfaçons. Il n'est pas question qu'ils se taisent. Les ronronnements d'autosatisfaction dans lesquels s'était trop longtemps complu la vieille magistrature devaient fatalement déclencher une réaction. Elle n'a pas été exempte de malaise. Si l'opinion publique a, en quelque sorte, fait siennes les critiques élevées par le syndicat, les traditionalistes, conservateurs de la justice du passé, n'ont pas manqué de réagir avec véhémence aux positions prises par ceux que la presse a parfois appelés les « juges rouges »... La vieille église bousculée par la nouvelle église.

Sans nul doute, bien des Français parmi les personnes interrogées avaient eu recours à la justice ou avaient été déférés devant des tribunaux civils ou correctionnels. Peut-on demander au délinquant condamné d'être satisfait de son juge? Évidemment non, et pas davantage au plaideur qui a perdu devant le tribunal un procès civil. Et, parmi ceux dont la cause a triomphé, les insatisfaits sont encore nombreux, qu'ils se plaignent de ne pas avoir « gagné sur toute la ligne », ou de n'avoir pas vu accueillir la totalité de leurs prétentions, sans prendre conscience de ce que certaines de leurs demandes étaient abusives, excessives, dépourvues de tout soutien juridique. Le plaideur, enfin, convainc aisément son entourage qu'il est une victime et cet entourage passe, à son tour, dans les rangs des mécontents.

Mais, même modéré et corrigé, le sentiment du public ne doit être ni négligé ni sous-estimé. Les défectuosités de la justice sont certaines, et il est bon que le Syndicat de la magistrature les ait dénoncées. Stimulée par ces prises de position, la plus ancienne organisation professionnelle des magistrats — de beaucoup la plus importante en nombre — qui a revêtu en 1974 la forme syndicale sous l'appellation de « Union syndicale des magistrats [3] », a, de son côté, critiqué avec combativité le système. Elle propose des réformes; certaines sont audacieuses mais nécessaires.

Cependant, les faiblesses que laisse apparaître notre justice ne sauraient être toutes imputées aux magistrats. Une ventilation devra être faite.

3. Avant 1974 elle se dénommait « Union fédérale des magistrats » (U.F.M.).

CHAPITRE II

CRÉPUSCULE D'UNE JUSTICE SACRALISÉE

En 1931, j'entrai dans la magistrature en qualité de juge suppléant dans le ressort de la cour d'appel d'Auvergne, dont le siège est à Riom.

Je n'ai jamais regretté d'avoir décliné l'offre d'une affectation dans les services du ministère de la Justice (la Chancellerie pour les initiés) : je continue à penser que c'est le travail sur le tas qui permet au magistrat d'apprendre son métier et d'être plus tard qualifié pour faire partie des états-majors. Il faut avoir vécu les difficultés de la pratique pour être en mesure de concourir à l' « administration » des tribunaux.

Je connaissais déjà le climat de la vie judiciaire — mon père était lui-même magistrat. J'avais été en quelque sorte nourri dans le sérail. Dès mon arrivée à Riom, j'ai été pourtant surpris, et aussi amusé — j'avais vingt-quatre ans — par le cérémonial et les fastes de la cour d'appel. Ils s'exprimaient dans toute leur ampleur le jour de l'audience solennelle de rentrée.

Les robes rouges, enrichies d'hermine, côtoyaient les robes noires, les toques aux galons d'or émergeaient parmi celles, plus modestes, des avocats et des avoués. Le préfet en grand uniforme, le général commandant le 13e corps d'armée, les parlementaires, les autorités civiles du département et de la ville étaient présents.

Les avocats renouvelaient devant la Cour le serment de leur profession puis on entendait avec curiosité — ou avec résignation — le magistrat désigné pour prononcer le « discours de rentrée », surprenant exercice académique où, pour l'occasion, l'orateur exhumait en général une gloire auvergnate, auréolée de mérites ou de vertu. Il arrivait cependant que le conseiller de service déviât sur d'autres sujets et apportât à son propos une pointe d'humour. La cour d'appel fut un jour ainsi entretenue : « Du port des moustaches au siècle dernier par les avocats du tribunal civil d'Ambert. »

Les audiences solennelles étaient issues en ligne directe des traditions des parlements de l'Ancien Régime. On est tenté de se demander pourquoi la justice est restée fidèle à un cérémonial qui, bien qu'amoindri, est encore en vigueur. Trouve-t-on la réponse dans le discours qu'aurait tenu au XIVe siècle à ses conseillers Arnault de Corbie, premier président du Parlement de Paris, discours cité par le premier président Marcel Rousselet dans son importante *Histoire de la magistrature française* [1] ?

« Messieurs, la justice, pour être respectée des peuples, n'a pas moins besoin que le trône d'un attirail magnifique. Les dépositaires des lois doivent être immuables et lumineux comme elles. Ôtez Notre-Dame de Paris à la religion, le Louvre à la royauté, vous verrez ce qui restera à la puissance ecclésiastique et à la puissance

1. Le premier président Marcel Rousselet, qui a terminé sa carrière de magistrat à la tête de la cour d'appel de Paris, a écrit des ouvrages juridiques et des livres d'histoire, notamment *Berryer devant la cour d'assises*, *les Cas de conscience du magistrat*. Il est membre de l'Institut.

souveraine. Le Parlement est politiquement placé entre l'Église et le Trône; laissez-le briller entre ces deux puissances, dont il est certainement le support. »

Six siècles plus tard, certains premiers présidents se remémorent-ils ces paroles en ouvrant les audiences solennelles de leurs cours?

La magistrature, par son appareil, prenait ses distances face à l'autorité administrative, qui déjà supportait mal certaines de ses prérogatives, face à un quarteron de persifleurs issus du monde politique ou du journalisme. Elle entendait impressionner l'opinion publique, et donner de l'éclat à ses décisions.

Mais cette pompe dissimulait sa pauvreté, presque son dénuement. Ses palais pouvaient avoir belle apparence, que cachaient leurs superbes façades? Presque toujours des lieux fanés par la vétusté, des mobiliers délabrés, des installations de fortune, beaucoup de poussière sur les meubles et sur les murs, l'absence d'outils de travail indispensables. Quand j'étais procureur de la République à Nevers, le président du tribunal devait, dans son cabinet, tenir ouvert un parapluie par gros temps. A Issoire, on arrivait chez le juge d'instruction en risquant sa vie à chaque marche de l'escalier.

Seul l'apparat des audiences de rentrée procurait un sentiment de richesse. Les patrimoines familiaux avaient subi le sort des dévaluations successives du franc-or, de la dégringolade des obligations de l'État, de l'anéantissement des fonds russes et ottomans. L'un avait dû vendre un domaine de famille, l'autre une maison de rapport. Les magistrats n'avaient plus qu'un train de vie fort modeste; ils tiraient leur principale ressource d'un traitement qui représentait le... « S.M.I.G. » de la bourgeoisie française. L'éclat de l'audience restait une compensation. On se consolait comme on pouvait !

Le cérémonial de la cour d'appel de Riom se prolongeait en curieuses mondanités. Dans la matinée du 1er janvier, les conseillers à tour de rôle, allaient présenter leurs vœux au premier président, qui l'après-midi rendait à chacun, et à son domicile — on n'osait plus dire « en son hôtel » — sa visite matinale. Le premier président parcourait la ville en fiacre, son huissier, chaîne en sautoir et bicorne en tête, assis à côté du cocher.

Pendant tout le mois, chaque samedi, les rues de Riom étaient arpentées par d'étranges personnages, coiffés d'un melon, le cou serré dans un col dur, vêtus de jaquettes noires, complétées de pantalons rayés. C'étaient les magistrats des tribunaux du ressort de la cour d'appel, descendus de leurs montagnes du Puy-de-Dôme, du Cantal, de la Haute-Loire, pour présenter leurs vœux au premier président et au procureur général.

Et ce n'était pas fini. L'usage voulait que tous, y compris... les jeunes et modestes juges suppléants, allassent en janvier, et à son jour, présenter leurs hommages à Mme V..., épouse du procureur général. Et pourquoi l'épouse du premier président n'avait-elle pas droit aux mêmes égards ? Parce qu'elle n'existait pas. Le premier président restait célibataire, car Mme V..., murmurait-on malicieusement, eût trouvé malséant qu'un autre salon portât ombrage au sien.

Ces visites furent pour moi l'occasion d'une mésaventure cuisante. Tandis que j'étais délégué au tribunal de Clermont-Ferrand, j'avais reçu l'assurance que Mme V... serait absente de Riom une certaine semaine de janvier. C'était une femme d'une vive intelligence, austère et autoritaire. Elle faisait régner une respectueuse terreur dans la magistrature du ressort. Une obligation m'appelant à Riom, je proposai vivement à mes jeunes collègues de Clermont-Ferrand de me confier leurs cartes de visite, leur promettant de les déposer en bonne place. Ils s'exécutèrent, ravis d'échapper... à la corvée. Et me voici sur le palier de l'appartement du procureur général. Je me gardai bien d'agiter la sonnette. Une petite corbeille ciselée était posée sur un guéridon devant la porte. Je m'y... défaussai de toutes leurs cartes et de la mienne, scrupuleusement « cornées » selon l'usage.

Quelle histoire! Le renseignement était faux, la dame recevait ce jour-là! Après m'être dénoncé humblement, je dus demander une audience au procureur général. Le procureur général — le P.G. comme on l'appelle — était un homme de belle prestance et de grande allure, devant qui mes propos furent embarrassés. Je n'avais d'ailleurs aucune excuse, et je l'entends encore me déclarer avec solennité : « Monsieur le juge, lorsqu'on manque aussi gravement aux égards dus à madame la procureur générale, on est digne de poursuivre sa carrière dans mon tribunal d'Yssingeaux. En cette bourgade, s'il vous plaît d'aller au palais en sabots, personne ne s'en offusquera [2]. » Par bonheur pour mes perspectives de carrière, le procureur général était, quelques mois plus tard, admis à faire valoir ses droits à la retraite.

Le clou des mondanités était atteint au soir du bal annuel donné par Mme V... Cette réception rassemblait les magistrats de quatre départements. La valse, le one-step y étaient pratiqués, les préférences allaient au

2. Ces paroles sont exactement citées, mais, pour ma part, j'ai toujours goûté le charme montagnard de la pittoresque ville d'Yssingeaux.

quadrille des lanciers. Le magistrature riomoise de 1930 avait la nostalgie de la Belle Époque. On était vraiment des mainteneurs, dans la capitale judiciaire de l'Auvergne. Mais les robes de ces dames sortaient de plus en plus souvent de chez la petite couturière pas chère, et des fracs démodés des hommes se dégageait l'odeur pénétrante de la naphtaline.

Aux sessions de la cour d'assises la bonne société se retrouvait dans les loggias de la salle. Les grandes envolées des avocats et de l'avocat général montaient jusqu'à elle. On frémissait devant tant d'éloquence, la plaidoirie romantique du siècle dernier n'avait pas encore perdu ses droits, le spectacle était aussi couru que les meilleures soirées des tournées Barret. Que le sort de l'accusé paraissait lointain dans ces joutes oratoires!

Il y a un demi-siècle, l'attachement des magistrats à la hiérarchisation de leur corps, ou leur complaisance en ce domaine, était, pour un œil neuf, sujet d'étonnement.

Des juges, libres dans leur fonction juridictionnelle, proclamant leur indépendance, encore plus, sachant dans bien des circonstances la faire respecter et la respecter eux-mêmes, se délectaient dans l'observance des signes qui exprimaient la complexité savante de la hiérarchie. Rares étaient ceux qui ne marquaient pas les distances devant leurs collègues moins élevés en grade, qui eux-mêmes jouaient les jeux nuancés de la déférence. L'armée française ne faisait pas mieux!

Dans le parc de la charmante petite ville d'eaux de Châtel-Guyon, où, par les soirs d'été, se retrouvaient les magistrats riomois, des groupes distincts et quasiment imperméables se formaient : celui du premier président et du procureur général, celui des présidents de chambre, celui des conseillers, celui des juges du tribunal. Saluts réciproques, qui protecteurs, qui révérencieux. C'était tout.

Souci, en respectant un ordre qui, d'étage en étage, s'élevait jusqu'au garde des Sceaux, d'associer des « autorités supérieures », un premier président, un directeur au ministère de la Justice, le ministre lui-même, aux rudes responsabilités qui sont celles de la décision judiciaire. Souci de ne pas être seul à en supporter le poids, souci de se faire entendre « en haut lieu », de se sentir sécurisé par une approbation ou un encouragement... Et peut-être propension à croire que les autorités « les plus haut placées » rayonnaient de clairvoyance et de sagesse...

La hiérarchie s'inscrit dans le droit-fil d'un césarisme qui, depuis Richelieu et Louis XIV, domine tous nos régimes politiques : la Royauté, le Premier et le Second Empire, les Républiques successives. Nos institutions ont toujours été soigneusement hiérarchisées. Trois siècles d'histoire ont fait de nous les serviteurs d'un ordre rigoureux. Il nous arrive de le rompre, mais après avoir changé le régime nous nous empressons de le restaurer, plus ferme qu'auparavant. La magistrature ne pouvait échapper à ce trait... d'un « mal français ».

Si les juges étaient disciplinés, ils ne manquaient pas pour autant de caractère, ni même d'originalité.

Dans l'exercice de mon activité de suppléant, j'étais amené à remplacer au pied levé des juges d'instruction, des substituts, voire des procureurs de la République pendant leurs vacances. J'ai donc connu une multitude de magistrats.

La plupart, lorsqu'ils rendaient la justice, devenaient sans transition d'autres hommes. Que dis-je d'autres hommes? Dieu le Père. Les juges entendaient que leur justice fût catégorique, indiscutée, sacramentelle, absolue, qu'elle exprimât la rigueur ou qu'elle dispensât la bienveillance. On célébrait vraiment un culte dans la maison de Thémis. Le pouvoir conféré par la loi aux magistrats pour l'exercice de leur fonction, c'était leur pouvoir personnel.

Tel président d'audience correctionnelle, bien connu par ses éclats, interrompait un ancien bâtonnier chargé d'honneurs et de prestige, qui dès le début de sa plaidoirie montrait quelque incertitude dans la connaissance des faits. « L'affaire est renvoyée à la fin de l'audience, pour que M. le bâtonnier X... ait le temps d'étudier son dossier. »

Le même, découvrant la lettre d'un parlementaire local, lettre tendant à attirer la bienveillance de la justice sur le prévenu — négligemment laissée au dossier par le substitut d'audience — glissait aimablement : « J'ai, mon ami, une lettre de M. le député X... en votre faveur. Vous êtes sans doute son électeur? — Mais oui, monsieur le président, articulait, ravi, l'intéressé. — Cela ne m'étonne pas... je l'aurais deviné. »

Un autre président, au cours de l'audience correctionnelle, interrompait les débats et, d'une voix impérative : « Nous aurions besoin du témoignage de M. X... Huissier, allez le chercher, à cette heure il fait sa partie au Café des Négociants. » Et si l'avocat se hasardait à faire observer que seul le président d'une cour d'assises disposait légalement d'un tel pouvoir « discrétionnaire », le nôtre rétorquait superbement : « Il y a près de vingt ans que je préside ce tribunal, et si mes pouvoirs devaient être aujourd'hui contestés, je préférerais donner ma démission sur-le-champ. »

Bien des juges d'alors voyaient dans la fiction juridique de l'autorité de la chose jugée le signe qui leur conférait le don d'infaillibilité.

Dans le tribunal d'Yssingeaux, le président se délectait toujours d'accueillir un avocat, étranger au barreau local. Après l'avoir écouté avec attention, il le priait de venir au pied de l'estrade et lui tenait ce petit discours : « Vous avez, maître, excellemment plaidé. Il va sans dire que vous ne gagnerez pas pour autant votre procès. Le tribunal délibérera. Mais nous ne voulons pas que vous quittiez notre petite ville sans emporter un souvenir. » Aussitôt il plongeait sous l'estrade, en retirait un livre de la collection Nelson, le dédicaçait avec distinction et le remettait à l'avocat. Le magistrat, du haut de son Olympe, distribuait les récompenses. J'ai souvent pensé à l'intention naïve et touchante que révèle cette anecdote que j'ai vécue, lorsque les mœurs devinrent plus abruptes et que des conflits longtemps restés exceptionnels s'élevèrent entre la magistrature et le barreau.

Étonnante magistrature, qui confusément ressentait ses origines théocratiques lointaines et se rattachait aux officiers de justice d'un souverain de droit divin. Surprenants magistrats, paternalistes en diable, mais attentifs aux misères qui chaque jour déroulaient leur écheveau devant eux.

Les juges de ma jeunesse étaient pour la plupart issus de la bourgeoisie française du XIXe siècle. Les professions libérales, la propriété terrienne, la fonction publique, le négoce en constituaient les pourvoyeurs les plus sûrs. Cependant, parmi eux, quelques fils de paysans, de petits artisans, de modestes employés. Cracks sur les bancs des collèges, ils avaient, non sans difficulté et non sans courage, acquis leurs diplômes. Ils illustraient bien les aspirations du Parti radical de l'époque, proclamant qu'il fallait, par l'instruction, élever les enfants du peuple, c'est-à-dire leur faire gravir les échelons conduisant au monde des idées, de la culture et des valeurs.

Ces mêmes juges avaient fait de solides études de droit, en un temps où le dogmatisme sévissait encore dans l'enseignement universitaire, où l'on ne se hasardait pas à contester un concept juridique, fût-il une « fiction », où il aurait été hérétique de vouloir modifier une seule virgule du vieux Code civil napoléonien.

Leurs convictions? A la Cour de Riom, beaucoup étaient catholiques, quelques-uns voltairiens. Les catholiques pratiquaient leur religion sans militantisme; le temps des fiches du petit père Combes n'était pas loin, mais on les sentait un peu nostalgiques de l'époque où l'Église s'affirmait dans son autorité temporelle. Les voltairiens conservaient au cœur le souvenir des grands ancêtres, les Encyclopédistes avaient une place de choix dans leur bibliothèque. Il leur arrivait de faire preuve de... « mauvais esprit ».

Bien des points communs rassemblaient cependant voltairiens et catholiques. Ils avaient été nourris aux mêmes humanités : nombreux étaient les amoureux du grec et du latin, les passionnés d'histoire. Ils s'intéressaient beaucoup moins à la mathématique et avaient quelque répulsion pour des calculs auxquels les astreignaient des procès d'ordre successoral, mettant en cause la quotité disponible et la réserve...

Les bonnes manières les liaient aussi. Ils étaient bien élevés et entre eux parfaitement courtois. Lorsque la discussion s'élevait dans la chambre des délibérés ou ailleurs, les propos demeuraient feutrés.

Beaucoup avaient vécu pendant quatre ans dans les tranchées comme sergents ou lieutenants d'infanterie. Ils n'en tiraient pas gloire. Ils parlaient de leurs camarades de combat et, plus encore, y pensaient fraternellement; les différences s'étaient estompées dans la misère partagée et les espérances communes.

Certes, ces juges de 1930, par leur adhésion inconditionnelle aux valeurs d'une bourgeoisie dont ils étaient issus ou qu'ils avaient rejointe, portaient bien des œillères, témoignaient de préjugés solidement enracinés, sacrifiaient à la respectabilité, venaient en toute occasion au secours de la norme sociale et de l'ordre établi. On ne parlait pas alors de la « violence institutionnelle »!

La plupart d'entre eux n'en avaient pas moins une haute idée de leur mission et une parfaite conscience de la dimension des pouvoirs qu'ils tenaient de la loi. Ils savaient qu'en engageant par leurs décisions le patrimoine, l'honneur, la considération, la liberté, la vie d'autres hommes, ils entraient dans un cercle redoutable d'inquiétudes qui ne les abandonneraient plus. Ils pesaient et assumaient les exigences morales d'une fonction qu'ils étaient loin de minimiser. C'était leur grandeur, et encore plus leur servitude.

Aussi, en regardant leurs aînés, les jeunes hommes qui accédaient il y a cinquante ans à la magistrature avaient le sentiment d'entrer dans un Ordre. Cet Ordre avait son rituel, prêtait parfois à sourire, mais il exprimait, serait-ce dans ses contradictions et ses maladresses, une entreprise émouvante et dramatique. Les juges d'alors, ancrés dans leur certitude, croyaient de bonne foi servir une justice sans faille.

CHAPITRE III

LA PÉNURIE

Le temps que je viens d'évoquer paraît bien lointain. On marchait alors à pas mesurés et la justice cheminait à la même cadence. Aujourd'hui les rythmes de la vie se sont singulièrement accélérés. Il faut bien que les tribunaux s'y adaptent et que, sans mener le train, ils le suivent. Aussi ne puis-je m'empêcher de dénoncer avant tout les causes de certains grippages retardateurs qui crèvent les yeux et suffisent à justifier la critique la plus répandue d'une justice trop lente.

Au premier chef, une incroyable indigence en moyens matériels et en personnel.

Depuis des lustres, notre pays manque d'une politique judiciaire clairvoyante et attentive à satisfaire des besoins impérieux. Les magistrats ne sont plus en mesure de faire fonctionner normalement le grand service public dont ils ont la charge.

Les voix les plus officielles ont reconnu que le budget du ministère de la Justice ne représentait que 0,9 % de l'ensemble du budget de la nation [1]. De plus, dans ce

1. Interview donnée par Olivier Guichard, alors garde des Sceaux, à *France-Soir*, 24 mars 1977.

pourcentage figurent les dépenses destinées à l'entretien des palais de justice et des établissements qui relèvent directement de l'autorité du ministère, telles les prisons. Un chiffre aussi ridiculement bas est significatif[2].

Et cependant les Républiques qui se sont succédé n'ont pas été avares de promesses rassurantes. Chacune — la troisième, la quatrième, la cinquième à qui mieux mieux — a solennellement proclamé que la justice devait être dotée des moyens nécessaires à son fonctionnement. Mais « les Républiques passent et la pénurie reste ».

Par insuffisance de personnel, les services de dactylographie demeurent si misérables qu'il n'est plus toujours possible d'exécuter les décisions judiciaires dans des délais convenables. Il faut attendre plusieurs mois pour que les copies des jugements ou des arrêts soient tapées, et l'on voit des juges, qui après avoir rendu leurs ordonnances, se trouvent dans l'obligation d'établir eux-mêmes la frappe des minutes. Quant à leurs secrétaires-greffiers, accablés par des tâches strictement matérielles, ils ne parviennent plus à rester les collaborateurs constants qu'ils doivent et souhaitent être. Dans de nombreux greffes, les bulletins du casier judiciaire ne sont établis qu'avec des retards tels qu'il n'est plus rare que des prévenus soient jugés sans que le tribunal ait eu connaissance de leurs antécédents judiciaires! Et il faut aussi plusieurs mois pour transcrire les mentions à faire figurer en marge des actes de naissance ou de mariage, relatives aux changements intervenus dans l'état civil.

Le recouvrement des amendes pénales, notamment

2. Un léger effort financier a été réalisé pour 1978. Il ne comble encore que très imparfaitement les besoins les plus élémentaires du service public de la justice.

lorsqu'elles sont prononcées par les tribunaux de simple police, est de plus en plus mal assuré, en raison, pour une grande part, du dénuement des greffes en secrétaires et en dactylos. Bien souvent, les extraits de jugements ne parviennent plus en temps utile aux services des Finances, mis alors dans l'impossibilité d'effectuer convenablement le recouvrement des amendes à cause de la mobilité de ceux qui les doivent; il arrive même que la prescription pénale se trouve acquise. Ainsi — et c'est un comble! — chaque année, des sommes considérables, des centaines de millions de francs actuels — certains avancent le chiffre du milliard et plus — sont irrémédiablement perdues pour l'État. De quoi rénover tout le fonctionnement de la Justice française!

Dans bien des parquets, parmi les plus importants, le manque de personnel de secrétariat est tel que des peines d'emprisonnement prononcées à l'égard de délinquants, qui ont comparu libres devant le tribunal correctionnel, ne sont exécutées que dix-huit mois et plus après le jugement. Cette situation est déplorable : entre-temps, le condamné a pu se ressaisir; il n'en devra pas moins purger sa peine à une époque où il se sera rééquilibré, et l'incarcération compromettra sa resocialisation. Ou bien il a poursuivi sa carrière dans la délinquance, sans que, par une exécution de la peine en temps utile, la société ait tenté de donner à la sanction un effet dissuasif[3].

Les conditions dans lesquelles exercent leur activité certains juges de l'application des peines, ainsi que le manque de personnel social dont ils souffrent ne leur

3. M. A. Peyrefitte, garde des Sceaux, a pris la décision d'améliorer la situation des secrétariats-greffes : plus de 1 100 agents temporaires ou vacataires ont déjà été recrutés.

permettent pas de remplir parfaitement la mission humaine que la loi leur a confiée.

Le personnel

Depuis trente ans, la population française s'est accrue. Les aspects démographiques se sont transformés. De nombreuses villes nouvelles se sont édifiées. D'autres villes ont vu le nombre de leurs habitants augmenter dans des proportions considérables. Le volume des procès en matière pénale, civile ou sociale s'est largement développé. De nouveaux litiges posant des problèmes délicats et complexes sont nés, tels ceux du droit pénal financier, du droit des sociétés civiles immobilières, du droit social, du droit européen, du droit de la protection judiciaire des mineurs, sans compter les innombrables procès de responsabilité civile, dont les solutions doivent être adaptées à l'évolution de la vie économique et des mœurs. La France est le seul pays où le nombre des magistrats ne s'est guère amplifié depuis... 1939.

N'importe quelle grande entreprise industrielle ferait faillite en travaillant dans de telles conditions. L'augmentation des effectifs s'impose de toute évidence.

Le recrutement

Faut-il encore que ceux qui se destinent au service de la justice aient été rigoureusement formés à leur tâche, qu'ils aient satisfait aux épreuves du concours d'entrée à l'École nationale de la magistrature (E.N.M.) et qu'ils en aient suivi la scolarité en qualité d'auditeurs.

Je ne pense pas que la solution soit à rechercher dans l'élargissement d'un recrutement latéral (c'est-à-dire effectué en dehors de la voie du concours) en nommant des licenciés en droit provenant de la fonction publique, de l'armée, de certaines professions libérales.

Ce recrutement est sans doute normal, lorsqu'il permet de faire accéder à la magistrature des personnalités du monde juridique de valeur indiscutable et d'expérience éprouvée; les dispositions du statut de la magistrature l'autorisent avec raison, à concurrence du dixième des vacances constatées [4].

Mais, prenant en considération la crise en personnel judiciaire, il y a quelques années, le gouvernement et le Parlement, par des textes d'application provisoire, ont permis de dépasser dans des proportions considérables le taux prévu par le statut; ce régime temporaire, qui devait prendre fin le 31 décembre 1975, a été fâcheusement reconduit jusqu'au 31 décembre 1980 [5].

Il faut bien avouer qu'un recrutement latéral d'une ampleur démesurée amène à intégrer des juristes de qualité très modeste, n'ayant qu'une très faible expérience des affaires et qui, de surcroît, donnent l'impression de rester occasionnels, sans jamais pénétrer l'âme de leur nouvelle profession, même s'ils font en général preuve de ce qu'il est convenu d'appeler dans le langage administratif un « bon esprit ». L'accès par la voie latérale, élargie de façon insolite, traduirait-il une certaine volonté de mieux soumettre la magistrature au pouvoir?

Un tel dessein a pu visiter l'esprit de certains hommes politiques...

4. Art. 29 et 30 du Statut de la magistrature.
5. Loi du 4 août 1975.

Ces quelques explications nous montrent combien il est nécessaire d'étendre les nominations par la voie du concours.

Prudence et rigueur sont cependant indispensables. Si, pour attirer davantage de candidats, on abaissait le niveau des études, ce serait adopter une stratégie lourde de menace pour l'avenir et qui aboutirait à une dévaluation de la qualité du corps judiciaire. Nous tomberions dans l'une des ornières qui affectent le recrutement par la voie latérale lorsqu'il revêt une trop grande amplitude.

Sans revenir sur la question des moyens matériels, dont le service de la justice se trouve scandaleusement démuni, il serait opportun de décharger les magistrats de tâches administratives d'importance secondaire, qui trop souvent les détournent de leur véritable mission. Ces tâches seraient confiées à des fonctionnaires qui exerceraient leur activité sous l'autorité et le contrôle du juge.

Ils auraient une formation juridique élémentaire et pourraient préparer les dossiers soumis à l'examen du juge de la mise en état [6], se charger de la rédaction des correspondances banales, effectuer des recherches simples de jurisprudence et de législation, participer à l'accueil des justiciables dans des services tels que ceux des juges des enfants, des juges de l'application des peines, des juges aux affaires matrimoniales...

La limite d'âge

C'est avec raison que Jean-Michel Gourevitch a intitulé un récent article : « La justice manque de

6. Le juge de la mise en état contrôle l'instruction des affaires civiles et y participe étroitement.

bras[7]. » Il y montre avec pertinence que l'abaissement de la limite d'âge des départs en retraite dans des délais trop rapides aggrave encore la situation précaire dans laquelle se trouve le service judiciaire.

Pour l'ensemble de la magistrature, entre 1977 et 1990, donc en moins de quinze ans, 2 872 magistrats, sur un total de 5 200, seront admis à faire valoir leurs droits à la retraite.

Cet abaissement d'âge va amplifier le désordre qui règne dans les juridictions. C'est l'intérêt même de la justice qui est en cause.

Je ne prendrai qu'un exemple, tiré du fonctionnement de la Cour de cassation. Il est effarant de constater qu'en deux ans elle fera peau neuve à concurrence du quart de son effectif. Les exigences qui commandent l'activité d'un conseiller et la stricte rigueur qu'il doit apporter dans l'élaboration des arrêts font qu'il ne devient — pour employer un mot à la mode — complètement « opérationnel » qu'au bout d'un ou deux ans de présence, en dépit d'un exercice déjà long dans la fonction de magistrat. Un renouvellement d'une telle amplitude sur un laps de temps réduit altère gravement la marche du service.

Il n'aura servi à rien de combler en une quinzaine d'années, et au prix d'un très lourd labeur, le retard dans l'évacuation des affaires, retard qui était devenu légendaire. Il avait surtout pour cause un accroissement considérable du nombre des pourvois. Il faudra reprendre les mêmes démarches besogneuses et harassantes pour tenter de remédier aux conséquences inéluc-

7. *Le Point* du 7 mars 1977.

tables d'un rajeunissement massif et trop hâtif de notre cour suprême [8].

Et cependant, pour bien juger, le magistrat doit travailler dans la sérénité et disposer du temps nécessaire à la réflexion.

Oui aux réformes dans l'organisation judiciaire qui ne saurait rester statique, mais elles seront d'autant meilleures qu'elles auront été plus soigneusement préparées. Si l'on ne met pas en place les palliatifs indispensables, on accroîtra les perturbations d'un service déjà mal à l'aise dans ses structures.

Autre conséquence du rajeunissement trop rapide du corps judiciaire : les nouveaux magistrats qui sortiront dans quelques années de l'École se trouveront dans une situation difficile. La plupart des postes de responsabilité seront occupés pour longtemps par des hommes jeunes. Les possibilités d'avancement seront nulles. Seule une vaste réforme évitera qu'aux revendications en faveur d'une meilleure justice ne s'ajoutent des réclamations prosaïquement matérielles.

8. Nous aurons l'occasion d'esquisser la laborieuse activité du conseiller à la Cour de cassation, et le lecteur n'en verra que mieux l'intérêt de notre propos sur le danger d'un rajeunissement trop rapide des magistrats de cette juridiction.

CHAPITRE IV

L'INDÉPENDANCE DES JUGES ET LEURS DÉPENDANCES [1]

Solidement arc-bouté aux plaisirs de la vie, le juge X proclamait sans complexe : « Discutailler sur l'indépendance des magistrats... une foutaise... Est indépendant qui veut l'être, c'est affaire de caractère. »

Est-ce bien suffisant?

Avant de poser le problème de l'indépendance, réglons un préalable. Qu'attend le justiciable de son juge? « Qu'il soit juste et impartial », dit-on. Tel est effectivement le souhait d'un plaideur si sa cause est bonne.

Mais qu'en est-il si elle est mauvaise?

Les meilleurs arbitres sont conspués sur les terrains de football par les supporters d'une équipe, même si le coup franc ou le penalty accordé à l'adversaire est rigoureusement justifié.

« On a vingt-quatre heures pour maudire son juge », énonce l'adage, c'est-à-dire que tout plaideur ne peut

1. Jusqu'à présent, pour simplifier, j'ai indifféremment employé — comme le fait le public — les termes de juge ou de magistrat.

Le présent chapitre est consacré aux magistrats qui rendent les décisions de justice, dits magistrats *du siège,* eux seuls sont en vérité des « juges ».

Les problèmes qui concernent les autres magistrats, ceux *du parquet*, seront évoqués au chapitre v.

faire appel d'une décision judiciaire qu'à l'expiration de ce délai. C'est supposer que la sagesse recouvre rapidement ses droits.

Le juge et ses démons

Qui dit impartialité dit indépendance, mais que de dépendances dans cette indépendance !

C'est au prix d'une rigoureuse ascèse morale que le juge parvient à se libérer des forces contraignantes, parfois subconscientes, issues des profondeurs de sa personnalité.

S'il entend bien juger, le voici dans l'obligation à tout instant de prendre ses distances envers lui-même. Les préjugés et les tabous d'une éducation, qu'il est difficile de les tenir en laisse et de les maîtriser ! C'est vrai lorsque le magistrat est issu de la bourgeoisie, c'est non moins vrai lorsque ses origines sont autres. Partout les opinions toutes faites pullulent. Les mésaventures d'une vie privée, qu'il est malaisé de ne pas les projeter sur les acteurs du drame judiciaire qui se joue devant soi ! Les perspectives de son propre environnement social masqueraient vite au juge d'autres horizons. S'il n'y prenait garde, il sombrerait dans une justice tribale.

Qu'il soit fougueux ou passionné, timoré ou indécis, qu'il ait la tête systématique ou changeante, qu'il l'ait froide ou qu'il l'ait chaude, il est soumis à un impératif, celui de se bien connaître et de se rectifier.

Que penser de ses appartenances politiques, idéologiques, philosophiques, religieuses ?

Le juge, qui ne saurait être désincarné, peut trouver en elles de bénéfiques stimulants. C'est là le droit de chaque citoyen.

Mais, s'il ne tendait pas à l'objectivité, je craindrais qu'il ne soit perdu corps et âme pour la justice. Que deviendrait-elle, rendue par des militants ou des partisans? L'histoire et le monde contemporain sont prodigues en exemples. Le persécuté d'hier devient souvent le persécuteur d'aujourd'hui; qui sera celui de demain?

Les démocraties sont faibles. Il faut les aider à vivre et, dans l'exercice de son dur métier, le juge ne s'y emploie jamais mieux qu'en alliant à une volonté d'objectivité sans défaillance une suffisante amitié pour l'homme, en dépit du goût de nos concitoyens à piper les dés et à truquer les processus démocratiques, même s'ils s'en réclament.

L'obligation de réserve

On tombe facilement d'accord pour penser que, dans leur activité professionnelle, les magistrats ne peuvent pas se comporter comme des militants.

La cité leur serait-elle interdite?

Absolument pas, s'ils savent rester crédibles. Les citoyens, qui sont tous susceptibles de devenir un jour des justiciables, ne doivent pas tirer du comportement public du juge un motif de suspicion. Le propos incontrôlé et le geste spectaculaire ne sont pas de mise.

Dans l'exercice de ses fonctions, le magistrat a l'occasion de constater et de déplorer les malfaçons de notre société. Mais son combat social ne se mène ni sur les estrades, ni sur les tréteaux, ni sur la place publique. Il a lieu ailleurs. Je m'en expliquerai.

Aussi ne peut-on qu'approuver le législateur d'avoir rappelé dans le statut de la magistrature qu'en raison de leurs fonctions les magistrats étaient soumis à une obligation de réserve. Leur est prohibée « toute démonstration de nature politique incompatible avec la réserve que leur imposent leurs fonctions ».

Cependant, c'est un enseignement de l'histoire ou plutôt de la petite histoire, l'idée n'a jamais effleuré un pouvoir politique que le magistrat se départirait de sa réserve en militant dans un parti... de la majorité. Il ne devient sourcilleux que si le juge se livre, ou est réputé se livrer, à « une démonstration de nature politique » dans un parti ou un club de l'opposition.

Pour moi, l'obligation de réserve est plus large. Elle trouve sa raison d'être profonde dans la nécessité où est le magistrat de préserver sa créance devant tous les citoyens. Il serait extrêmement grave qu'il puisse s'exposer à être récusé à juste titre par l'une des parties au procès.

Sa réserve a cependant des limites. Elle ne saurait lui interdire d'appartenir à un parti politique reconnu. L'appartenance n'est pas le militantisme.

En bref, la magistrature, tenue à la réserve, n'en est pas pour autant... une grande muette.

Des gardes des Sceaux — en petit nombre, il est vrai — ont été animés de la volonté de museler la magistrature. Toujours les organisations professionnelles du monde judiciaire, notamment celles des avocats, ont été à côté des magistrats pour défendre l'honneur et l'indépendance des juges.

Qui ne se souvient — fait unique dans les annales des tribunaux — du cortège silencieux, dans les galeries du palais de Justice, en janvier 1971, des magistrats et avocats parisiens mêlés, protestant contre les basses insultes proférées à l'encontre de la magistrature par une personnalité politique?

Le pouvoir, en dépit d'une véhémente plainte du premier président de la Cour de cassation Maurice Aydalot et du procureur général Adolphe Touffait, s'était contenté d'une banale lettre de regrets.

L'opinion publique

J'ai toujours présente à la mémoire une affaire de meurtre à Valenciennes qu'instruisait mon père. Un journal régional menait campagne pour dénoncer ouvertement comme coupable un proche parent de la victime. L'opinion fut vite mobilisée en faveur de cette thèse, alors que tous les éléments de l'information judiciaire la contredisaient. Mon père en fut très tourmenté. Pendant des mois il lutta, avant de parvenir à démasquer le véritable assassin, complètement étranger à la famille.

C'est un drame que vivent fréquemment les juges d'instruction, et je suis pris d'inquiétude lorsque j'entends parler d'instructions qui devraient en quelque sorte se dérouler sur la place publique. Des citoyens dont l'innocence sera reconnue — plus tard — auront vu leur honneur attaqué, leur réputation compromise, leur vie privée donnée en pâture. Ils en seront à jamais stigmatisés.

Ce sont là des méthodes qui apparaissent aux époques révolutionnaires ou dictatoriales, à des moments de l'histoire où le pouvoir politique entend faire endosser par les tribunaux les jugements d'une multitude passionnée.

Il faudrait, certes, débrider le secret de l'instruction de certains liens qui l'encombrent et amener les magistrats à être, dans leur ensemble, moins pusillanimes ou moins réticents dans leurs communiqués de presse. Des journalistes ne seraient plus alors aussi enclins à faire la chasse aux renseignements, se substituant, non sans risques graves, aux autorités judiciaires.

Mais le juge, sans se laisser influencer par l'opinion, doit rester en harmonie avec la conscience publique. Ce serait une catastrophe qu'une justice, dans ses approches des problèmes, cesse d'être comprise par la nation.

Par exemple, le magistrat acquis aux sciences de l'homme — biologie, psychologie, psychologie sociale, sociologie, criminologie — sait que certaines notions sur lesquelles a vécu le droit pénal du siècle dernier sont périmées. Mais l'opinion n'est pas encore éclairée dans ce domaine, ni prête à faire litière de ses préjugés.

Au moment où j'écris ces lignes, je me surprends à rêver de juges qui concourraient à faire évoluer la conscience publique. Les *mass media* auraient dans cette entreprise un rôle considérable à jouer.

Au cours de ces dernières années, il m'est arrivé d'être intéressé par la manière dont certains problèmes de la justice étaient portés au grand ou au petit écran, je pense au reportage télévisé de Claude Otzenberger sur le divorce, modèle du genre. Mais, bien plus souvent, j'ai été déçu par des réalisations peu nuancées, alors que les questions traitées étaient des plus délicates. On se complaisait dans les poncifs les plus éculés, les simplifications les plus trompeuses. J'admets que, pour celui qui manie l'image filmique, il est difficile de ne pas contraster les effets. L'image elle-même les amplifie. Mais, en ce qui concerne les affaires judiciaires, il me semble que leur réalité est suffisamment dramatique dans sa vérité et que la surcharge ou la démesure est superflue.

Les juges et l'argent

Peu nombreux sont ceux qui disposent d'une fortune personnelle substantielle. Ils vivent de leur traitement et n'échappent pas au fisc.

M. Thiers souhaitait que les magistrats fussent tous des propriétaires terriens, afin que la propriété soit bien défendue.

Cette époque est révolue, mais des usages devenus folkloriques ont longtemps survécu ici ou là.

C'était... hier, c'est-à-dire juste avant la guerre. Dans le ressort de la cour d'appel de Bourges, les tribunaux interrompaient leurs audiences en juin pendant la semaine de la Saint-Jean, vestige du siècle passé où « Messieurs de la Cour » ou du tribunal se rendaient en leurs terres du Berry pour présider à la pesée de la laine de leurs moutons...

De nos jours, les litiges à trancher portent bien souvent sur des sommes considérables et mettent en cause des justiciables dont les moyens financiers sont puissants. C'est le monde des affaires et, plus encore, des affairistes.

S'il est devenu à la mode de contester le magistrat,

l'opinion publique reconnaît sa scrupuleuse probité. Par les temps qui courent, cette vertu — banale — mérite d'être signalée.

La hiérarchie

Évoquant dans le second chapitre de ce livre les magistrats de 1930, j'ai relevé qu'ils avaient de la complaisance envers la hiérarchie, mais qu'ils restaient soucieux de maintenir leur indépendance.

Dans une société maintenant plus permissive, la magistrature a suivi la mode. Les rapports entre les magistrats galonnés et ceux de la base sont plus familiers, les marques traditionnelles de déférence s'estompent. Malgré cela, la hiérarchie, pour certains jeunes magistrats, est devenue une sorte de bête noire.

De par la loi, la magistrature « du siège », autrement dit celle qui juge, constitue un corps hiérarchisé. Elle échappe cependant à la subordination, qui ne concerne que les magistrats des parquets. En bref, le juge, dans sa fonction juridictionnelle, n'a pas à recevoir d'instructions de ses chefs, président, premier président, garde des Sceaux.

Des règles existent, inspirées de ce principe. Les juges statuent toujours en nombre impair. Toutes les voix sont d'égale valeur. Le moins ancien opine le premier, puis les avis sont recueillis selon l'ordre d'ancienneté croissante. Le président est le dernier à parler, son avis n'est pas prépondérant.

Il est toutefois des réglementations, aussi des états d'esprit, de nature à influer, tout au moins indirectement, sur l'absolue indépendance des magistrats du siège.

S'il est normal que le premier président de la cour d'appel note les juges de son ressort, après avoir recueilli l'avis des présidents des tribunaux, il est surprenant que le décret du 22 décembre 1958 associe à leurs notations le procureur de la République et le procureur général, qui, eux, sont subordonnés au garde des Sceaux [2].

Quelques magistrats s'enferment eux-mêmes dans les liens d'une curieuse dépendance.

Que redoutent les juges de la première instance? Que leurs jugements ne soient infirmés par la cour d'appel.

Que redoutent les conseillers et présidents des cours d'appel? Que leurs arrêts ne soient cassés par la Cour de cassation.

Il est, bien sûr, souhaitable que le contrôle des cours d'appel et celui de la Cour de cassation conduisent les magistrats à une étude attentive des litiges et à une sérieuse élaboration de leurs sentences. Mais leur application au travail ne saurait être assortie d'une crainte révérentielle les amenant à abandonner une part de leur liberté de pensée.

Certains jugeraient mieux s'ils n'étaient pas inhibés par le souci de « coller » à la jurisprudence des juridictions supérieures. « Le réflexe juridictionnel se confond ici avec le réflexe hiérarchique », note Philippe Boucher dans un article du *Monde* intitulé : « Banqueroute pour la justice [3]. »

2. En considérant le rôle du juge d'instruction, nous aurons l'occasion de souligner tout particulièrement la contre-indication qu'il y a à ce que le procureur de la République participe à la notation de ce magistrat (chap. VI).

3. *Le Monde*, 30 avril 1977.

Mais prendre le contre-pied systématique des jurisprudences élaborées par les juridictions supérieures n'est pas non plus à conseiller! Cette sorte de déterminisme par protestation ferait obstacle à la « régulation » des jurisprudences, qui, seule, est susceptible de conduire à l'harmonie et à la sécurité des rapports juridiques entre les citoyens.

Le « pouvoir » judiciaire?

Lorsque j'étais sur les bancs de la faculté mes maîtres, marqués par la culture juridique du siècle dernier, et nourris de la pensée de Montesquieu, nous enseignaient qu'il y avait trois pouvoirs dans l'État, dont le troisième était le judiciaire, à la suite de l'exécutif et du législatif. Nous apprenions que chacun des pouvoirs devait s'abstenir de tout empiétement sur le domaine des deux autres.

Souvenir des arrêts des parlements de l'ancienne France, de leur refus d'enregistrer des ordonnances royales, de leur droit de remontrance au roi? Des hommes politiques entretenaient des inquiétudes à l'égard du pouvoir judiciaire.

Elles étaient bien peu justifiées et, dans notre monde contemporain, elles restent dénuées de fondement. Les magistrats n'entendent nullement empiéter sur les attributions du pouvoir politique. Ils demandent seulement que le pouvoir gouvernemental s'abstienne d'incursions dans le champ des missions qu'ils tiennent de la loi et qu'il respecte leur indépendance.

Pourrait-on accuser la magistrature d'être un contre-pouvoir dans l'État? Je ne le pense pas.

Mais le caractère démocratique du régime autorise les juges à exercer le droit de critique dans les limites de l'obligation de réserve.

Après la dernière guerre mondiale, des voix se sont élevées pour contester dans son essence le pouvoir judiciaire. Elles ont proposé de voir dans la justice un simple service public.

Des arguments jouent en faveur de chacune des deux thèses. Mais je partage l'opinion du sénateur René Chazelle, président de chambre honoraire à la cour d'appel de Paris, qui déclare : « Il serait dangereux de voir disparaître la formule *pouvoir judiciaire*... Les mots ont parfois une vie propre, qui dépasse en importance la notion même qu'ils recouvrent. Je crois qu'il en est ainsi pour la formule pouvoir judiciaire, qui a le mérite de bien marquer l'éminence des institutions judiciaires et leur autonomie [4]. »

Le général de Gaulle proclama que le président de la République tenait du peuple l'autorité indivisible de l'État, et qu'il n'en existait aucune autre, y compris l'autorité judiciaire, qui ne fût conférée et maintenue par lui. Aussi notre Constitution de 1958, d'inspiration gaullienne, ne fait-elle pas référence au pouvoir judiciaire.

Elle dispose cependant, dans son article 64, que le président de la République est « garant de l'indépendance de l'autorité judiciaire, assisté par le Conseil supérieur de la magistrature [5] ».

4. *Pour une réforme des institutions judiciaires*, par René Chazelle, Éditions R. Pichon et Durand-Auzias, Paris, 1969.

5. Toutefois le Conseil supérieur de la magistrature, lorsqu'il est appelé à statuer en matière disciplinaire à l'égard d'un magistrat du siège, est présidé par le premier président de la Cour de cassation.

Que la magistrature détienne un pouvoir, ou qu'elle soit une autorité, son indépendance est donc reconnue par la Constitution. Le président de la République et le Conseil supérieur en sont les garants. Le sort des magistrats du siège est entre leurs mains.

Tant que le président de la République, conformément à la Constitution de 1946, avait surtout un rôle de représentation, peu de questions se posaient.

Depuis la Cinquième République, le Président est activement mêlé à la vie politique.

Quelle que soit l'élévation de sa pensée, et son souci d'équité, il arrive qu'il soit amené à prendre en considération certaines opportunités. Or ce sont des motivations qui par leur nature ne peuvent que rester absolument étrangères à la démarche du juge. Des contrepoids devraient donc jouer au sein du Conseil supérieur de la magistrature.

Le Conseil supérieur de la magistrature

En l'état actuel de sa structuration, tous ses membres, magistrats ou non-magistrats, sont choisis et nommés par le président de la République.

Le président appelle librement les personnalités qui n'appartiennent pas à la magistrature. Quant aux magistrats, il les désigne sur des listes établies par le bureau de la Cour de cassation. Il nomme également un conseiller d'État sur une liste dressée par l'assemblée générale du Conseil d'État.

Il n'est pas question de contester la qualité morale des membres du Conseil supérieur. Mais le fait même qu'ils soient tous nommés par le pouvoir exécutif est de nature à rendre leurs décisions vulnérables à la critique. C'est pourquoi, non seulement les deux syndicats de magistrats réclament une réforme mais bien d'autres prises de position vont dans le même sens.

Il serait souhaitable à mon avis que les membres du Conseil supérieur de la magistrature soient pour partie désignés respectivement par le président de la République, l'Assemblée nationale et le Sénat, pour partie par les magistrats eux-mêmes, distribués en collèges électoraux [6].

Pour reprendre une expression du sénateur René Chazelle, le président de la République peut « régner » sur la magistrature, mais ne doit pas la « gouverner ».

L'inamovibilité

Elle existait sous l'Ancien Régime, conséquence alors de la vénalité des offices. Attachée au mandat rempli par des juges élus sous la Révolution de 1789, elle est maintenant liée à la qualité de juge nommé. Cette règle n'est pas sans provoquer certains sourires chez les magistrats.

Elle signifie que le juge ne peut être sans son accord, et sauf faute disciplinaire, affecté à un autre poste. Mais elle ne le met pas à l'abri d'être maintenu indéfiniment dans le même poste avec le même grade.

La justice a une valeur morale égale, qu'elle soit dispensée dans une grande cité ou dans une petite ville.

6. Il résulte d'un sondage effectué par l'Union syndicale des magistrats que 87 % d'entre eux réclament un Conseil supérieur de la magistrature paritaire et disposant de pouvoirs accrus (*le Nouveau pouvoir judiciaire*, n° de juillet-août 1977).

Mais le juge entend faire carrière. Pourquoi donc? Parce que — et c'est bien normal — il aspire à obtenir un avancement, c'est-à-dire un galon supplémentaire auquel est lié un traitement plus substantiel.

Ce légitime désir peut toutefois l'exposer à la tentation de ne pas mécontenter le pouvoir politique, dont dépend pour une grande part sa nomination à un poste de rang plus élevé.

Avant toute nomination il a dû exprimer ses desiderata et être inscrit, selon les grades, sur une liste d'aptitude ou sur un tableau d'avancement dressé par une commission, dont la plupart des membres sont des magistrats[7]. Ensuite c'est le pouvoir politique qui devient maître de son devenir.

Seuls les membres de la Cour de cassation et les premiers présidents de cour d'appel sont nommés par le président de la République sur proposition du Conseil supérieur de la magistrature. Pour les autres juges, autrement dit pour le très grand nombre, le décret est pris par le président de la République sur la proposition du seul ministre de la Justice, vice-président du Conseil supérieur. L'avis de ce Conseil est demandé, mais il ne lie nullement le pouvoir.

Dans bien des cas, le président suit la proposition de son ministre, qui lui-même a fait siennes les suggestions de ses bureaux. Mais, ici et là, le ministre ou le président, pour des raisons tenant à l'opportunité

7. Ils ont été choisis par le président de la République sur des listes comportant un nombre de noms triple du nombre des sièges à pourvoir, listes établies respectivement par l'assemblée générale de la Cour de cassation, par l'ensemble des premiers présidents et des procureurs généraux, et par un collège représentatif des magistrats du siège et du parquet des cours et des tribunaux, ainsi que des magistrats du ministère de la Justice.

politique ou à la personnalité du magistrat, peut « barrer » le juge, qui alors continue indéfiniment à rester dans le poste qu'il occupe, ou est envoyé poursuivre sa carrière dans le tribunal déshérité d'une ville falote, imprudemment inscrite sur la liste des desiderata[8].

On comprend que certains, non dépourvus d'entregent, soient pris par la tentation de hanter les antichambres ministérielles, de faire la cour au pouvoir, de rechercher le parlementaire influent qui soutiendra leurs intérêts « en haut lieu ».

Que d'arguments ont été avancés depuis des lustres pour se cramponner au sud de la Loire, dans les provinces du soleil!

Ruban rouge et ruban bleu

Les décorations devraient exprimer la reconnaissance de l'État pour des services exceptionnels, ou consacrer une longue carrière, sans que jamais, dans la perspective offerte d'une croix, on puisse relever une volonté de pression de la part du pouvoir.

Mais que d'intrigues se nouent pour son attribution! Que de fantasmes elle provoque!

Serait-ce la justification du célèbre brocard qui court dans les palais? « Le seul magistrat vraiment indépendant, c'est le premier président de la Cour de cassation, à condition qu'il soit grand-croix de la Légion d'honneur. »

Je ne chicanerai pas davantage.

8. Il est « conseillé » par la Chancellerie d'ouvrir très largement cette liste et de l'étendre à la plupart des villes.

Ceux des magistrats qui aspirent à être décorés ne font que sacrifier à un goût bien français dont s'étonnent toujours les étrangers.

Et puis, dernier vestige des égards d'antan pour la magistrature, ces croix n'agrémentent-elles pas agréablement les robes noires, ou les robes rouges?

L'administration vorace

Le préfet, qui dans son département représente le gouvernement, et dont dépendent la plupart des fonctionnaires, feint parfois d'ignorer que le juge échappe à son autorité, quand telle ou telle décision judiciaire lui paraît susceptible de contrarier un intérêt, une intention politique ou, tout simplement, un projet de l'Administration.

Les rapports entre le préfet et le juge gagnent à se développer sous le signe de la civilité, mais l'urbanité n'exclut pas un ferme refus lorsque la démarche préfectorale constitue une intrusion dans la fonction juridictionnelle.

Les escarmouches entre la magistrature et la police tendent à se multiplier.

Je fais allusion ici à la police judiciaire, celle qui, constituée par des officiers et des agents de « police judiciaire », a pour mission de constater les infractions à la loi pénale et d'en rechercher les auteurs. Les anomalies dont je vais parler ne procèdent nullement d'une insuffisance technique de sa part. Bien au contraire sa compétence professionnelle est certaine et, à bon droit, on lui rend hommage en France comme à l'étranger. Mais elle reçoit de l'autorité politique des instructions dont l'exécution peut contrarier l'action de l'autorité judiciaire.

D'après les articles 11 et 12 du Code de procédure pénale, elle exerce sa mission « sous la direction du procureur de la République », et se trouve placée « sous la surveillance du procureur général ».

Nous sommes là dans le monde idéal des règles, mais la police judiciaire a ses structures administratives propres, sa hiérarchie propre, et relève avant tout de l'autorité du ministre de l'Intérieur. Aussi, lorsque l'opportunité s'en fait sentir, elle peut incliner à prendre ses distances par rapport au Code de procédure pénale, cependant impératif.

Le 29 décembre 1976 les Français ont vu apparaître sur le petit écran le ministre de l'Intérieur assisté de hauts fonctionnaires de la police judiciaire. Ils l'ont, non sans étonnement, entendu déclarer qu'on savait tout sur les instigateurs d'un crime et même sur ses mobiles, alors que l'affaire, d'un grand retentissement, ne faisait que commencer.

Jean de Broglie, homme politique et homme d'affaires, venait d'être assassiné. Le juge d'instruction avait été saisi et la police opérait sur sa commission rogatoire. La déclaration télévisée a été faite en violation des dispositions du Code de procédure pénale, dans la méconnaissance du secret de l'instruction et dans l'inobservation du règlement d'administration publique, qui édicte que « les officiers de police judiciaire doivent rendre compte de leurs diverses opérations à l'autorité judiciaire dont ils dépendent, sans attendre la fin de leur mission ».

De curieuses vagues troublèrent dès son départ l'instruction suivie dans l'affaire de l'enlèvement, le 29 octobre 1965 à Saint-Germain-des-Prés, de Mehdi Ben Barka, personnalité politique appartenant à l'opposition marocaine.

Pierre Arpaillange[9], dans sa série d'articles parue dans *le Monde* sous le titre de « Pour la justice[10] », rappelle les circonstances de la procédure.

Sur constitution de partie civile du frère de la victime, une instruction judiciaire fut ouverte le 3 novembre 1965. Le jour même, deux policiers avouèrent à leurs chefs qu'ils avaient participé à l'enlèvement. Les autorités supérieures de la police furent immédiatement alertées, mais c'est seulement huit jours plus tard, le 11 novembre, que ces deux policiers furent placés en garde à vue, puis déférés devant le juge d'instruction. Et ce n'est que le 14 janvier suivant que l'un des inculpés révéla au magistrat avoir, dès le 3 novembre, reconnu devant ses chefs sa participation à l'enlèvement. Pendant plus de deux mois — pour quelles raisons? — les autorités de la police avaient tenu secrète la date des premiers aveux, et sans doute le magistrat instructeur l'aurait-il toujours ignorée sans la confession du prévenu.

Pour éviter que de telles « bavures » ne se reproduisent dans des affaires criminelles qui mobilisent l'attention du gouvernement, il serait souhaitable que la police judiciaire soit rattachée administrativement à l'autorité de justice.

9. Conseiller à la Cour de cassation.

10. Première partie du texte intitulée : « Les rapports avec la police », dans *le Monde* du 21 janvier 1977.

C'est une réforme souvent réclamée. Le professeur Émile Garçon l'avait préconisée dès 1898.

Les accrochages sont beaucoup moins fréquents entre la magistrature et les services de la gendarmerie nationale. Cette situation peut s'expliquer pour une grande part par le fait que c'est un magistrat qui est toujours délégué dans les fonctions de directeur de la gendarmerie, et que les gendarmes témoignent d'une parfaite discipline dans leurs rapports avec l'autorité judiciaire.

Déjà au siècle dernier, Tocqueville observait que le gouvernement avait laissé l'Administration « s'introduire sans cesse dans la sphère naturelle de la justice », et ajoutait que cette intervention « déprave les hommes et tend à les rendre tout à la fois révolutionnaires et serviles ».

De nos jours, dans bien des administrations sévit un curieux impérialisme. L'administrateur se substituerait volontiers à l'autorité judiciaire ou, pour le moins, inclinerait à empiéter sur les attributions que le juge tient de la loi.

Ainsi des directeurs de l'Action sanitaire et sociale — dont le rôle est important dans la protection de l'enfance — perdent de vue qu'ils ne peuvent agir sur des parents que par voie de persuasion. Si un conflit s'élève, opposant l'administration à des familles qui ne font qu'exercer les prérogatives de l'autorité parentale, c'est au juge — le juge des enfants en général — et à lui seul de l'arbitrer.

Les caisses de Sécurité sociale, si elles voient évoluer une jurisprudence dans un sens contraire à celui qu'elles souhaitent, tentent trop souvent d'obtenir du ministre un texte réglementaire pour contrecarrer l'orientation qui les inquiète.

Des offices publics d'H.L.M. verraient d'un bon œil que le juge des enfants, qui a dans ses attributions la tutelle aux allocations familiales, sortant de la limite de la compétence qu'il tient de la loi, se transforme en agent de récupération pour le compte de l'office, et désigne un tuteur afin de recouvrer les loyers par des prélèvements sur les allocations familiales.

De plus en plus, la loi confère au préfet et à des commissions administratives le pouvoir de suspendre des permis de conduire, de fermer des débits de boisson...

Ce sont des peines infligées, et la peine, c'est l'affaire du juge, qui n'est pas soumis à la règle de la subordination, et devant qui les droits de la défense sont rigoureusement respectés.

C'est plus expéditif, plus efficace, rétorquera-t-on. Une démocratie ne saurait s'accommoder d'une telle réponse.

Ce serait à un magistrat, le procureur de la République en l'occurrence, que devrait appartenir le pouvoir de faire surseoir, pour des raisons hautement humanitaires, à l'exécution d'un jugement d'expulsion, et il est tout à fait anormal de voir l'autorité administrative s'immiscer dans l'exécution d'une décision de la justice civile [11]. Et bien d'autres exemples pourraient être donnés.

En dépit de la protection que me procure la pensée de Charles de Tocqueville, je me demande, en écrivant ces lignes, fustigeant les empiétements de l'administratif sur

11. L'occupant menacé d'expulsion peut d'ailleurs se pourvoir lui-même devant le juge des référés pour obtenir un sursis à l'exécution. (Loi temporaire du 1er décembre 1951 qui, par suite de prorogations successives, est toujours applicable.)

le judiciaire, si je ne livre pas un combat d'arrière-garde. Les administrations sont animées d'une infatigable volonté de puissance. Les ministres le savent mieux que personne. Ils en sont souvent les premières victimes.

Nouveaux dangers

Les groupes de pression, si puissants dans la vie économique américaine, foisonnent maintenant de ce côté de l'Atlantique. Ils représentent d'énormes intérêts. Ils sont partout. Les formations politiques doivent composer avec eux, surtout si, s'inspirant de l'exemple américain, elles quémandent des subsides financiers auprès du monde de l'Économie.

C'est par personnes interposées que leurs agents, à qui ne manquent ni l'aisance ni l'adresse, prennent langage avec des services ou des organismes publics, avec des personnages du monde politique, des agents supérieurs de l'Administration.

Ils essaient de les convaincre que certaines décisions judiciaires seraient susceptibles d'entraîner des perturbations économiques, des turbulences sociales, des difficultés internationales.

C'est, au second degré, une pesanteur qui s'exerce alors sur la justice, même si ces groupes ne franchissent pas eux-mêmes le seuil des enceintes des palais.

Autre danger : les monstres sacrés que sont devenus les ordinateurs géants à la disposition d'une informatique tracassière et envahissante, l'exploitation de l'information par des services publics d'inspiration technocratique transforment les relations de l'État et des citoyens.

Ces nouvelles puissances, si elles ne sont pas strictement contrôlées, exposent l'homme à voir se réduire la marge de son quant-à-soi et le champ de ses libertés [12]. Le juge aura à les affronter dans des combats où le sort même de la justice sera engagé.

Optiques déformées

Les atteintes portées à l'indépendance des juges, j'ai pu leur donner quelques éclairages, peut-être inhabituels, en montrant quelles pressions s'exercent sur l'ensemble du corps judiciaire.

Insidieuses, cachées, perfides, elles revêtent la forme d'une lutte de sapes et de tranchées.

Mais, pour une grande partie de l'opinion publique, qui ne peut d'emblée percevoir ces cheminements obscurs, le problème de l'indépendance se situerait ailleurs.

On le voit dans les questions mêmes posées par les sondages. On le ressent dans les conversations que l'on peut avoir ici et là.

C'est l'intervention directe auprès des juges qui intéresse au premier chef les citoyens.

Les juges exercent-ils leur activité sous le contrôle permanent du pouvoir politique? Absolument pas.

Peu d'affaires, aussi bien pénales que civiles, retiennent l'intérêt du pouvoir, une sur mille peut-être. Mais c'est au sujet de la millième qu'il faut dénoncer des ingé-

12. La loi du 6 janvier 1978 relative aux fichiers et aux libertés représente un premier effort — mais bien insuffisant — pour maîtriser l'informatique, qui, d'après le texte, ne doit porter atteinte « ni à l'identité humaine, ni aux droits de l'homme, ni à la vie privée, ni aux libertés individuelles ou politiques ». Il serait particulièrement important d'organiser un contrôle rigoureux des méthodes informatiques de gestion judiciaire.

rences. Elles ne sont pas brutales et directes. Elles s'exercent à travers des intermédiaires : consignes données à la police, demandes de « renseignements » adressées, non pas au juge, mais au parquet, instructions légalement données au procureur général par le ministre de la Justice, et aussi... surprenants *black-out*.

J'évoquerai d'ailleurs certaines affaires dont les péripéties ont fait la « une » de la presse et qui amènent à penser que l'ordre public souffre parfois de déviations [13].

Des parlementaires interviennent-ils auprès des juges?

C'est exceptionnel et voué à l'insuccès.

Plus volontiers un parlementaire écrirait au procureur de la République, mais là encore la démarche est incertaine, soit que le procureur n'y donne pas suite, soit que les juges ne le suivent pas dans leurs conclusions.

Arrive-t-il que des amis du juge, ou se disant tels, attirent son attention sur l'une des parties au procès?

Ce n'est pas courant, et c'est à coup sûr aventureux.

Sur ce point, les juges sont souvent sourcilleux et s'irritent. Il n'est pas rare, d'ailleurs, qu'ils se « déportent », c'est-à-dire refusent de siéger dans une affaire dont ils ont eu connaissance par des voies anormales.

L'opinion publique — qui n'est cependant pas tendre pour le service de la justice — estime elle-même que le juge ne se tire pas mal des difficultés qu'il affronte.

D'après le sondage d'opinion que j'ai déjà cité [14] les deux tiers des Français sont d'avis que la magistrature est « plutôt indépendante ».

Ce n'est pas un mauvais « score », si l'on prend en considération les circonstances que j'ai fait valoir dès les premières pages de ce livre.

13. Chapitre x.
14. Cf. page 13.

CHAPITRE V

LA PLUME EST SERVE MAIS LA PAROLE EST LIBRE

Ambivalence

Substitut, puis procureur de la République à Thiers, procureur de la République à Nevers, j'ai vécu assez longtemps dans les parquets pour introduire le lecteur dans ce monde mal connu et ambivalent.

Les procureurs généraux et leurs avocats généraux, les procureurs de la République et leurs substituts sont les membres du parquet. La tradition judiciaire et le statut de la magistrature leur reconnaissent la qualité de magistrats.

Pourquoi magistrats « du parquet »?

A l'origine, les procureurs du roi, institués par Philippe le Bel, ne siégeaient pas sur une estrade comme les juges. C'était de leur banc, installé sur le parquet de la salle, qu'ils prenaient la parole.

Les magistrats du parquet constituent le ministère public. A la différence des juges, ils ne prononcent pas de jugements.

Ils ont pour principale mission de mettre en mouvement et d'exercer l'action publique devant les juridictions répressives.

L'action publique, c'est la poursuite intentée au nom de la société. Elle a pour but la sanction des infractions à la loi pénale (crimes, délits, contraventions).

On dit encore que les magistrats du parquet composent la magistrature debout, distincte de celle des juges, qui forment la magistrature assise. A l'audience, comme les avocats, ils se lèvent pour prendre la parole. Les juges, lorsqu'ils interviennent, restent sur leur siège.

Le public perçoit surtout les membres du parquet dans le rôle qu'ils tiennent aux assises.

C'est l'avocat général, dressé au banc de l'accusation, hiératique et implacable, un doigt vengeur tendu vers le coupable, réclamant une condamnation exemplaire. Des livres, et surtout des films, ont complaisamment fixé cette image d'Épinal du redoutable défenseur des normes sociales.

Certains mots devraient être bannis du vocabulaire du palais. L'avocat général n'est pas fait pour réclamer à longueur d'audience le « maximum » et « obtenir » les plus lourdes condamnations, pas plus que l'avocat n'est fait pour « gagner » à tout prix et par tous les moyens une cause.

L'ambivalence qui affecte les magistrats du parquet naît de ce qu'ils ne jugent pas. Restant sur le terrain de leurs attributions pénales, voyons s'ils ne porteraient pas l'habit d'Arlequin, où se mêleraient le rouge vif de la vindicte publique et les tons pastel d'une justice sereine.

Politiques et juristes ont des avis partagés.

Les uns ne voient dans les membres du ministère public que des agents supérieurs du gouvernement, des fonctionnaires d'autorité. D'autres les considèrent avant tout comme d'authentiques magistrats.

Par plusieurs traits, ils s'apparentent à des fonctionnaires d'autorité.

Ils ne bénéficient pas de l'inamovibilité.

Ils sont nommés sur la proposition exclusive du garde des Sceaux, sans la moindre intervention du Conseil supérieur de la magistrature.

L'article 43 du statut de la magistrature dispose qu'ils se trouvent en état de subordination. L'article 5 précise qu'ils sont placés « sous la direction et le contrôle de leurs chefs hiérarchiques et sous l'autorité du garde des Sceaux, ministre de la Justice ».

C'est lui d'ailleurs qui appréciera les fautes disciplinaires qu'ils pourraient commettre, « compte tenu des obligations qui découlent de la subordination hiérarchique », après avis d'une commission de discipline, qui, en général, ne le lie pas.

Les sanctions vont de la simple réprimande à la révocation mais je ne vais pas entraîner le lecteur sur les sentiers enchevêtrés de la procédure disciplinaire.

Par certains caractères les magistrats du parquet s'apparentent aux juges.

La parole est libre

Le ministère public a pu recevoir des instructions écrites de ses chefs, et même, par leur intermédiaire, du garde des Sceaux. Il a l'obligation de « requérir » par écrit dans le sens des directives reçues. Mais à l'audience il est en droit de s'en désolidariser et de prendre des réquisitions orales différentes. Ce n'est pas exceptionnel, au civil et au pénal.

C'est la grandeur de la fonction.

Ce vieil adage de l'ancienne France : « La plume est serve, mais la parole est libre », qui figure maintenant dans le statut de la magistrature, Napoléon Ier et son Grand Juge entendaient en faire litière. Il conservait cependant des défenseurs, et, à une séance du Conseil d'État, le 24 vendémiaire an XIII, Régnault, membre de cette assemblée, s'écriait : « Le procureur général doit être le défenseur de la justice, et non de l'opinion du ministre; son devoir l'oblige d'exposer au tribunal, qui est seul juge, les raisons pour et contre [1] ».

C'est ainsi que le 5 juin 1961, dans une affaire célèbre évoquée devant le Haut Tribunal militaire, l'avocat général Jean Reliquet, qui avait reçu des instructions écrites pour réclamer contre un officier supérieur une condamnation à la peine de vingt ans de réclusion, en donna lecture à l'audience. Puis il déclara, qu'en conscience, il estimait que cette peine était excessive en raison du passé glorieux de l'accusé, et il requit de cinq à dix ans de réclusion. Il fut suivi par les juges.

Des pouvoirs reconnus au procureur de la République

Le garde des Sceaux, garant de l'application de la loi — ministre de la loi, dit-on —, ne saurait se mettre dans l'illégalité en faisant demander à un procureur de la République de renoncer à des poursuites pour un délit qui est établi.

Mais il n'est pas exclu que des directives de fermeté ou d'indulgence, selon les cas, soient données au procureur en cours de procédure.

1. Propos rappelés par le premier président Marcel Rousselet dans son *Histoire de la magistrature*, déjà citée.

S'il passe outre aux instructions reçues, les actes (de procédure) qu'il accomplit n'en sont pas moins juridiquement valables.

S'il refuse de prendre par écrit les réquisitions qui lui sont demandées, le procureur général, son chef hiérarchique, ne peut se substituer à lui et les prendre à sa place.

De tels comportements, qui témoignent d'une grande liberté de conscience, ne suscitent pas, bien sûr, beaucoup d'enthousiasme en haut lieu.

Il est vrai que, lorsqu'un gouvernement est vivement intéressé à ce qu'une affaire n'ait pas de suite pénale, le circuit... d'évitement est ailleurs.

Les policiers, une fois leurs investigations accomplies, informeront leurs chefs, qui eux-mêmes alerteront le ministre de l'Intérieur, et il n'est pas impossible que le parquet ne soit jamais saisi.

Le classement sans suite

Le procureur de la République dispose d'un pouvoir qui est un vrai pouvoir de « préjuridiction ».

En possession d'une enquête de police ou de gendarmerie, il lui appartient d'apprécier l'opportunité d'exercer des poursuites, c'est-à-dire qu'il peut poursuivre ou « classer l'affaire sans suite ».

Il est des cas où le classement s'impose. C'est évident lorsque l'auteur du délit reste inconnu, ou que les faits relevés par la police ne constituent pas juridiquement une infraction à la loi pénale.

Le procureur, en classant une affaire, a également l'occasion d'assumer un rôle social et humain. Ainsi, exemple parmi beaucoup d'autres, une famille qui a été victime d'un faux a intérêt, pour sa réputation, à retirer sa plainte si elle découvre que l'auteur du faux est l'un de ses membres proches. Le procureur de la République a la possibilité, malgré le retrait de plainte, d'exercer l'action publique, mais, s'il estime que la poursuite entraînerait un préjudice moral considérable pour la famille même, il peut classer l'affaire.

Il est aussi des victimes qui, trouvant la décision de « classement » trop laxiste, se constituent partie civile devant le juge d'instruction, et forcent par ce procédé la mise en mouvement de l'action publique.

Des plaignants peuvent étonner par leur rigoureuse intransigeance le procureur de la République lui-même.

J'occupais ce poste à Thiers.

Dans un village de la montagne d'Ambert, la nuit de la fête, une vitre de l'épicerie fut brisée, quelques boîtes de conserve disparurent. Les recherches pour identifier le coupable restèrent infructueuses. Le temps passa. Quatre ans plus tard, un pauvre hère, mi-paysan mi-trimardeur, pris de boisson, se vanta dans une auberge d'être le voleur. Vigilants, les gendarmes dressèrent procès-verbal. La prescription de l'action publique pour le délit de vol était acquise. Je classai l'affaire. Je convoquai cependant l'auteur du méfait pour l'admonester très sérieusement.

Mais l'épicier, conseillé par un avocat retors, vint me faire observer que le vol dont il avait été victime ne constituait pas un simple délit au sens légal du terme, mais un crime, puisque la soustraction avait eu lieu la nuit avec effraction, et qu'ainsi la prescription de l'action publique n'était plus de trois ans, mais de dix ans. Évidemment, je le savais fort bien, mais je n'avais pas voulu exposer le délinquant à un renvoi devant la cour d'assises du Puy-de-Dôme, bien connue pour sa sévérité quand elle avait à juger des vols qualifiés commis dans les campagnes. Une instruction fut donc ouverte sur la plainte de l'épicier.

L'affaire fut renvoyée devant la cour d'assises, qui infligea à ce modeste voleur... cinq années de détention.

Le classement sans suite du procureur de la République, au motif de son droit d'apprécier l'opportunité des poursuites, est bien réellement une « prédécision » judiciaire. C'est un pouvoir d'une grande portée ; chaque année, près de trois millions de procès-verbaux font l'objet de classements dans les parquets. Ce pouvoir, ajouté à ceux dont j'ai déjà fait état, justifie l'appartenance des membres du parquet à la magistrature.

Ce que l'on peut souhaiter, c'est qu'ils aient le même souci d'indépendance que des juges, sinon, ils risqueraient de tomber dans l'arbitraire en usant abusivement du procédé du classement. Il leur serait facile de mettre sous le boisseau des procédures pour des raisons obscures, pas toujours étrangères à l'opportunité politique. Qui s'élèverait, par exemple, contre une décision de classement dans une affaire dont la victime serait l'État, si cet État lui-même entendait ne pas porter plainte? J'ai déjà évoqué le risque d'un... pieux silence dans une situation assez proche.

La protection

Les magistrats du parquet, en plus de leurs attributions pénales, possèdent de larges compétences en matière civile.

Défenseurs de l'ordre public et de la loi, ils prennent des « conclusions ».

On n'a pas oublié au palais de Paris, celles que développaient, au début du siècle, de grands avocats généraux, les Sarrut, Lescouvé, Matter. Leurs avis ont souvent orienté la jurisprudence.

Les magistrats du parquet ont pour mission de sauvegarder les intérêts de ceux dont, disait le président Belleyme, « les mains sont trop faibles pour les défendre elles-mêmes ». Ce sont les mineurs, les majeurs sous sauvegarde de justice, les sujets relevant d'un régime de tutelle ou de curatelle, lorsque leurs facultés mentales sont altérées, les malades internés dans les hôpitaux psychiatriques que le procureur de la République a le devoir de visiter périodiquement.

Peuvent lui demander protection les isolés, les handicapés, tous les êtres désarmés, si souvent broyés par de nouvelles puissances, celles des masses, de la technocratie, des ententes économiques, des tests inexorables, etc.

Au service de la prévention

Dans la prévention de la criminalité et de l'inadaptation sociale, le ministère public joue un rôle important. Il provoque le prononcé de mesures : traitement d'un alcoolique dangereux, traitement d'un toxicomane, cessation d'activité d'un établissement, fermeture d'un débit de boissons entre autres.

S'il porte de l'intérêt à la prévention, il peut, par les directives qu'il donne aux officiers de police judiciaire (maires, officiers et gradés de la gendarmerie, commissaires et officiers de police), par les avis qu'il dispense à des services qui les sollicitent, provoquer des interventions immédiates dans des situations « criminogènes ».

« Je porterai plainte au procureur » c'est l'ultime menace.

Ce peut être le dernier avertissement avant le « passage à l'acte », avant la décision de faire justice soi-même. Et, dans la masse de lettres qu'ils reçoivent chaque jour, le procureur de la République et ses substituts doivent découvrir les cris d'alarme authentiques, savoir les distinguer des messages démentiels provenant de « plaignants d'habitude », et donner une suite à ces appels de détresse.

Un parquet vigilant, soucieux de son rôle préventif, évite des drames. Puissant agent de prophylaxie sociale, le procureur de la République est aussi bien et parfois mieux placé que le juge, pour devenir un « avertisseur social ».

Des garanties d'indépendance

Je n'entends pas critiquer la règle de la subordination du ministère public à la hiérarchie et au ministre de la Justice, règle qui d'ailleurs n'existait pas sous l'Ancien Régime, et qui a été curieusement instituée par la Révolution de 1789[2].

Mais le rôle que le ministère public joue et les pouvoirs qu'il détient, il ne les assume pleinement que si son indépendance est rigoureusement garantie.

Aussi je rejoins le conseiller à la Cour de cassation

2. Le décret-loi du 16-24 août 1790 disposait « les officiers du ministère public sont les agents du pouvoir exécutif auprès des tribunaux ».

Pierre Arpaillange [3] et le conseiller André Braunschweig, président de l'Union syndicale des magistrats [4].

Comme eux, je pense que la nomination et la discipline des magistrats du parquet doivent relever directement et exclusivement du Conseil supérieur de la magistrature, conseil à rénover dans sa composition et son fonctionnement. Je m'en suis expliqué. Prévoir au sein de ce conseil (celui de demain) une représentation propre des magistrats du ministère public me paraît donc essentiel.

Restauré et protégé dans son indépendance, le magistrat du parquet exercera ses vastes fonctions dans toute leur plénitude.

Nanti de la confiance de la cité, il sera le protecteur naturel des libertés.

Je le verrais jouer un rôle de premier plan dans la protection qu'il faudra assurer aux citoyens contre les dangers d'une informatique qui, curieuse et tyrannique, expose l'homme à se trouver nu devant l'Administration.

Que restera-t-il bientôt de la personne, de sa vie intime, de ses jardins secrets, de sa fierté?

D'un côté, des voyeurs nourris d'arrière-pensées, de l'autre des citoyens qui n'auraient plus qu'à rechercher les amères satisfactions du masochisme.

Déformations

Où se trouvent-elles?

Parfois dans des excès de volonté répressive. « Le

3. Articles déjà cités parus dans *le Monde*.

4. « Pour une nouvelle conception du ministère public », numéro spécial du *Nouveau Pouvoir judiciaire*, mars 1977.

tribunal énerve la répression. » C'est le reproche que des magistrats du parquet font aux juges. Comme si la répression était le procédé magique, seul propre à faire cesser la criminalité!

Quelques membres du parquet, s'ils ne sont pas suivis dans leurs réquisitions sont animés d'une amertume rancunière à l'égard du tribunal.

J'ai même vu le procureur de la République d'une petite ville de province qui boudait. Littéralement outré à l'audience lorsque ses conclusions n'étaient pas admises à la lettre, il tournait le dos au président, dirigeait ostensiblement son fauteuil vers le fond de la salle et prenait le public à témoin de son accablement.

Ce trait est authentique, comme les anecdotes qui me sont, çà et là, revenues en mémoire. En écrivant ce livre, j'ai vu défiler devant mes yeux, juchés sur leur estrade, point de mire de l'audience, quelques figures un peu excentriques rencontrées au long de ma carrière. Célèbres à coup sûr dans le monde austère de la magistrature, ces originaux un peu gênants, observés par leurs pairs avec un sourire mitigé, restent la justification des caricatures que ne se sont pas privés de crayonner les satiriques.

Il faudrait aussi parler des... « parquetiers », ces magistrats accablés par la hauteur des courriers qui s'empilent sur leur table, par le nombre et le volume des procédures pénales qu'ils ont à examiner — on les appelle les substituts « régleurs ».

Classer sans suite, établir des rapports pour le parquet général, adresser des « soit-transmis » à la gendarmerie, vérifier un état, rédiger les « réquisitoires définitifs »... tel est leur lot.

A Paris, un premier substitut, chef de section, jaugeait

le magistrat nouvellement affecté à son service en augmentant de semaine en semaine le tas des dossiers « à régler », jusqu'au jour où, à bout de souffle, l'infortuné substitut clamait tous azimuts son indignation. Après quoi on assistait à un phénomène de déflation du tas...

L'unité

Des magistrats du parquet — rares il est vrai — animés par l'honneur de servir le pouvoir, précèdent quasiment ses désirs.

C'est à eux que je pensais en lisant l'excellente conclusion du rapport du premier substitut Jean Perfetti au colloque de Marseille, en novembre 1976 [5].

« Le choix est clair : ou bien les membres du ministère public sont des fonctionnaires, et dès lors ils doivent être dissociés du corps judiciaire, comme ils doivent être privés des fonctions qui, par leur nature, leur objet et leur finalité, dépassent le rôle d'un agent de poursuites ou d'un accusateur. Ou bien les membres du ministère public, auxquels la loi a confié une mission, qu'ils exercent au nom de la société à des fins de justice, sont, comme ils doivent l'être, des magistrats, et dès lors devrait cesser leur étroite et exclusive sujétion à l'égard du pouvoir exécutif. »

On ne peut juger comme on requiert.

En vertu du principe de l'unité de la magistrature, il est possible de passer du parquet au siège (et réciproquement). Celui qui, pendant des années, a soutenu l'accusation devant les juridictions répressives, et qui va

5. Numéro spécial du *Nouveau Pouvoir judiciaire*, mars 1977, déjà cité.

occuper un poste de juge, est conduit à se recycler moralement. Dans ses nouvelles fonctions, il ne vivra la plénitude de son indépendance qu'en acceptant bien des servitudes envers lui-même.

L'unité de la magistrature est à ce prix.

CHAPITRE VI

LE JUGE D'INSTRUCTION

Si l'on sondait l'opinion publique pour savoir quelles catégories de magistrats lui sont le plus familières, le procureur de la République et le juge d'instruction arriveraient en tête : le procureur de la République, dont on attend, selon le rôle que l'on tient devant la justice, sévérité ou mansuétude; le juge d'instruction, celui qui recherche le coupable, démasque l'inculpé, confond les témoins douteux, fait ouvrir les coffres, intercepte des courriers, perquisitionne, force l'intimité, dispose de la liberté des citoyens... l'homme le plus puissant de France, a-t-on avancé, le « curieux », dit-on dans la pègre.

Saisi par un réquisitoire du procureur de la République, il procède à une information, c'est-à-dire rassemble et examine les preuves d'un fait qualifié de crime ou de délit.

Il rend aussi, à tout instant, des ordonnances, telles l'ordonnance de mise en liberté ou de refus de mise en liberté, l'ordonnance de refus d'informer, l'ordonnance rejetant une demande d'expertise, l'ordonnance de non-lieu...

Contre ces ordonnances, une voie de recours peut être

exercée devant la chambre d'accusation par l'inculpé ou la partie civile dans des cas limités et, de façon beaucoup plus générale, par le procureur de la République, qui contrôle ainsi la marche de l'instruction [1].

Des conflits sont donc susceptibles de s'élever entre le juge d'instruction et le procureur de la République. Or celui-ci intervient dans la notation de celui-là. C'est tout à fait anormal. L'indépendance du magistrat instructeur peut s'en trouver altérée. Sur ce point, une modification statutaire s'imposerait.

Il est interdit au juge d'instruction de participer au jugement des affaires qu'il a instruites. On a craint que le magistrat informateur ne manque d'objectivité, le déroulement de l'instruction ayant pu l'amener à ressentir de l'animosité à l'égard d'un inculpé. Cette règle est devenue discutable, car « l'enquête de personnalité » a été introduite dans la procédure d'instruction par le nouveau Code de procédure pénale de 1957, et il est de plus en plus admis que la personnalité du délinquant doit être connue avant qu'il soit jugé. Dans cette perspective, il serait opportun que le juge d'instruction qui a déjà connaissance du prévenu soit associé au jugement de l'affaire. Ce principe a été admis par l'ordonnance du 2 février 1945 pour le jugement des mineurs délinquants; le juge des enfants peut, en effet, être à la fois « juridiction d'instruction et juridiction de jugement [2]. »

Y a-t-il lieu de placer l'inculpé en état de détention provisoire?

Question toujours inquiétante.

« La détention provisoire jette la suspicion sur la

1. La chambre d'accusation est l'une des chambres de la cour d'appel.
2. Le rôle du juge des enfants sera évoqué au chapitre VIII.

personne qu'elle frappe, et de toute façon trouble sa vie », déclare le doyen Pierre Bouzat[3], et il ajoute : « Inconciliable sur le terrain des principes avec la présomption d'innocence de l'inculpé, affirmée dans la Déclaration des droits de l'homme et du citoyen, elle a toujours été réglementée par la loi. »

En deux étapes, 1970, puis 1975, la loi a précisé les cas où la détention provisoire peut être ordonnée, et a élargi les possibilités de mise en liberté du détenu.

Il appartient au juge d'instruction de se conformer strictement au texte légal, de ne jamais abuser de la détention provisoire et de ne pas y recourir dans des cas qui s'écarteraient de ceux prévus par la loi.

En 1970, la loi a également institué le contrôle judiciaire, auquel peut recourir le juge d'instruction pour éviter la détention provisoire. L'inculpé est alors astreint à un certain nombre d'obligations.

L'institution est excellente. On peut seulement déplorer que les personnes désignées pour exercer le contrôle soient en nombre très insuffisant et souvent trop âgées pour accomplir une mission qui exige, sous l'angle du travail social, bien des démarches et bien des recherches.

Pour être à l'aise dans l'exercice de ses fonctions, il est bon que le juge d'instruction y prenne de la hauteur. S'il lui incombe de rassembler les preuves d'une culpabilité, il doit aussi réunir tout ce qui est de nature à contredire l'accusation et, naturellement, n'a pas à affirmer faussement à un inculpé qu'il a reçu d'un coprévenu des aveux le mettant en cause. Seule la sincérité dans la dialectique est digne de la justice.

3. *Traité de droit pénal et de criminologie*, par Pierre Bouzat et Jean Pinatel, tome II, sur la procédure pénale par Pierre Bouzat.

Aujourd'hui, des juges d'instruction pénétrés de l'aspect social de leur fonction estiment qu'il leur appartient de rechercher des solutions aux problèmes de famille, d'accueil, d'habitat, de travail, que peut poser un prévenu. Ils le font, en général, dans le cadre du « contrôle judiciaire », institué en 1970. On ne saurait trop les encourager dans cette voie. Malheureusement les moyens matériels et les ressources en personnel dont ils disposent sont restés jusqu'à ce jour ridiculement exigus.

CHAPITRE VII

NEVERS — LA PEINE DE MORT

Août 1939.

Je quitte le parquet de Thiers pour rejoindre mon unité, le 159e régiment d'infanterie alpine à Briançon.

Après un court séjour en bordure des crêtes arides du Piémont et un arrêt de quelques semaines à Mours-Saint-Ensèbe, près de Romans, nous rejoignons le secteur du Nord-Est — c'était l'orée de la « drôle de guerre ».

En 1940, sorti indemne et libre des actions dites retardatrices des mois de mai et juin, qui firent de mon bataillon un détachement d'arrière-garde et nous conduisirent de l'Aisne — en passant par la Loire — jusque sur les bords... de la Gartempe, je me retrouve procureur de la République à Thiers. Pas pour longtemps. A l'automne 1941, me voici nommé procureur de la République à Nevers, en zone occupée.

Et Nevers fut un tournant dans ma vie.

Mon fils Renaud y est né. Vingt-cinq ans plus tard, il est à son tour devenu magistrat. Preuve d'un manque absolu d'imagination dans la famille. Mon père avait déjà été précédé d'un nombre respectable de juges, de baillis, de notaires royaux depuis le XVIIe siècle.

Cette naissance fut une joie très vive, qui éclaira le temps sombre des tragédies et des malheurs.

Nevers 1942

Comme beaucoup d'autres magistrats dans les mêmes circonstances, les juges d'instruction, M. Chenu, J.-M. Petit et moi-même orientions vers des « non-lieu » bien des procédures pénales qui s'ouvraient — et se refermaient pieusement — ... contre X. Certaines poursuites contre des personnes dénommées devenaient dangereuses. Les Allemands commençaient en 1942 à prendre des otages.

Par l'intermédiaire de mon interprète alsacien, je pus obtenir communication de lettres de dénonciation adressées, hélas ! par des Français aux occupants.

Nevers avait une situation privilégiée, si l'on peut dire, pour ce genre d'affaires. Beaucoup de prisonniers évadés passaient par la Nièvre, les dépôts d'armes secrets y étaient nombreux, les sabotages et les attentats devenaient fréquents. Cet état de fait donnait... des idées à ceux qui voulaient se livrer à de basses vengeances. Mon parquet retenait les délits de dénonciation calomnieuse, et le tribunal jugeait avec la plus grande sévérité les délateurs. Le directeur d'un journal local accepta spontanément de donner une large publicité aux condamnations prononcées. Mais les Allemands devinrent attentifs et finirent par comprendre le caractère dissuasif de ces publications. Elles avaient entraîné une sérieuse déflation dans le volume des délations. Dès lors ma liberté de manœuvre devint étroite.

Quelle que fût l'adversité des temps, la justice de droit commun poursuivait son cours.

En 1942, une affaire criminelle me marqua d'une durable empreinte et me fit réviser mes convictions sur quelques points — parmi les plus importants — de la justice pénale.

La peine de mort

H., journalier agricole d'une cinquantaine d'années, après avoir assassiné sa maîtresse, lui déroba ses économies et viola son cadavre.

Je requis contre lui la peine capitale. Elle fut prononcée. Il fut exécuté.

Je n'avais pas eu d'hésitation à réclamer la mort.

Le crime avait été prémédité. Ses circonstances étaient particulièrement atroces. Il eut lieu à une époque où la vie humaine se dévaluait. Les Allemands se mettaient à fusiller des patriotes. Des otages, des résistants, des juifs étaient arrêtés. Elle paraissait de peu de prix, la vie d'un sinistre assassin.

Les psychiatres commis pour l'examiner l'avaient reconnu « pénalement responsable ». J'avais déjà quitté Nevers, en repos avec ma conscience, lorsqu'il fut exécuté.

C'est plus tard que me vinrent des scrupules.

Et ce n'était pas un doute rétrospectif sur la culpabilité de H. qui m'assiégeait. Il avait lui-même reconnu avoir tué sa maîtresse, et des indices précis établissaient avec certitude qu'il avait prémédité son crime, outragé le cadavre et il avait bien volé les pièces d'or. Je ne redoutais donc pas l'erreur judiciaire, hantise de bien des magistrats.

Mais je ressentais déjà, rejoignant ainsi les motivations souvent avancées par les partisans de l'abolition du supplice par décollation, qu'une telle exécution rendait honteux ceux qui étaient tenus d'y assister, dans une cour de prison, à l'aube naissante.

Les raisons profondes qui peu à peu militèrent en moi pour la suppression de la peine de mort dépassaient cependant le dégoût soulevé par la séparation d'une tête et d'un tronc. C'est à notre condition d'êtres civilisés, devenus tels parce qu'ils ont sans cesse poursuivi une recherche inquiète du progrès de l'homme sur lui-même, que je pensais. Je fus alors amené à refuser le meurtre légal d'un assassin.

Le meurtre légal

C'est sur la responsabilité personnelle du criminel et le droit pour la société de le tuer que des problèmes se posaient à moi. A travers mes réflexions, je me séparai de magistrats dont j'appréciais cependant la rectitude morale.

Il y a un préalable en dehors de toute discussion sur la peine de mort. Chacun en soi reconnaît ou ne reconnaît pas le droit de tuer légalement un assassin. Ce droit, je me le suis en conscience contesté, et au fil des années ma conviction s'est fortifiée.

Que l'on ne dise pas qu'être favorable à l'abolition de

la peine de mort, c'est exprimer du mépris pour les victimes. Je n'ai jamais cessé de penser à elles, surtout à elles. Je suis aussi bouleversé que mes compatriotes par l'horreur des circonstances qui accompagnent les assassinats, et je dois me faire violence pour ne pas oublier que l'on juge non pas l'horreur d'un crime, mais l'homme qui l'a commis.

Psychopathes et déséquilibrés dangereux

Le criminel passible de la peine de mort, qui est-il?

Si les experts psychiatres admettent qu'il est atteint d'une authentique maladie mentale — une psychose — qui le prive de tout discernement ou de tout contrôle de ses actes, il ne relève pas de la justice. Il prend le chemin d'un hôpital psychiatrique. C'est un malade, un « aliéné », et ce terme signifie bien que son état le rend étranger à lui-même. Le crime est alors effacé.

Déplorons seulement que la société se défende bien mal, car, si un jour d'autres médecins estiment qu'il est guéri ou suffisamment amélioré, on lui ouvrira les portes de l'hôpital sans que la justice soit en droit d'exercer un contrôle sérieux. L'histoire du crime est remplie des cas de ces malades mentaux qui, sortis de l'asile, se remettent à tuer, à allumer des incendies, à manier des explosifs...

Les auteurs du projet de révision du Code pénal [1] ont bien compris ce péril; ils suggèrent que le criminel atteint au temps de l'action d'un « trouble psychique ayant aboli son discernement ou le contrôle de ses

1. Projet élaboré par une commission qui siège au ministère de la Justice.

actes » — autrement dit d'une psychose — soit placé dans un « établissement spécialisé par décision de la juridiction d'instruction ou de jugement ». Ils proposent que sa sortie ne puisse être ordonnée que « par un tribunal de l'exécution des sanctions ». Ce sera une bonne réforme.

Les experts psychiatres, sans relever une réelle psychose chez le criminel, peuvent estimer qu'il est cependant atteint d'un trouble psychique « n'ayant pas aboli son discernement ou le contrôle de ses actes », mais de nature à influer sur son comportement. C'est un cas fréquent. De nombreux criminels souffrent de déséquilibre du caractère ou de déficience de l'intelligence.

Qu'arrive-t-il alors?

La cour d'assises [2] incline à faire bénéficier l'accusé de circonstances atténuantes. « A responsabilité atténuée, peine atténuée. » Tel fut le leitmotiv qui orienta les verdicts pendant plus d'un siècle. Le spectre de la peine de mort disparaît. Par le jeu des circonstances atténuantes, le criminel se voit condamné à un certain nombre d'années d'enfermement, puis est libéré. Et, là encore, la société sera mal protégée.

Les juges — magistrats et jury — auront curieusement associé deux notions d'inégale qualité : l'une positive et relativement facile à déceler, celle de « trouble psychique », l'autre qui échappe à toute investigation et rigueur scientifique, celle de « responsabilité atténuée ». Mais, par leur décision de limiter la peine à quelques années d'emprisonnement, ils font courir un risque à la société.

2. Trois magistrats professionnels dont l'un est le président des assises et un jury composé de neuf jurés, citoyens désignés par voie de tirage au sort.

Qui peut penser que la détention suffira à réduire des défectuosités de l'intelligence ou du caractère? Le condamné, à sa sortie, restera dangereux.

Intime conviction et responsabilité personnelle

Aussi étonnant que cela paraisse, la cour d'assises peut s'avancer sur des sables plus mouvants encore, dans le cas où les experts psychiatres sont d'avis que le criminel ne souffre ni de psychose ni de troubles psychiques.

Elle estime alors qu'il est responsable et qu'il doit donc répondre de son acte.

Si le crime est passible de la peine de mort et si son auteur ne bénéficie pas de « circonstances atténuantes » tirées de son passé, de ses mobiles, des conditions de l'acte, du comportement de la victime, la sanction capitale est prononcée.

Les jurés, dans le serment qu'ils ont prêté, se sont engagés « à se décider selon leur conscience et leur intime conviction [3] ». Et nous voici devant la redoutable question que pose l' « intime conviction ».

3. Avant que la cour d'assises se retire, le président donne lecture de l'instruction suivante, qui est, en outre, affichée en gros caractères dans le lieu le plus apparent de la chambre des délibérations :

« La loi ne demande pas compte aux juges des moyens par lesquels ils se sont convaincus, elle ne leur prescrit pas de règles desquelles ils doivent faire particulièrement dépendre la plénitude et la suffisance d'une preuve; elle leur prescrit de s'interroger eux-mêmes dans le silence et le recueillement et de chercher, dans la sincérité de leur conscience, quelle impression ont faite, sur leur raison, les preuves rapportées contre l'accusé, et les moyens de sa défense. La loi ne leur fait que cette seule question, qui renferme toute la mesure de leurs devoirs : " Avez-vous une intime conviction? ". » Art. 353 du Code de procédure pénale.

Pour se déterminer sur la matérialité de l'acte, ou même sur l'intention et la préméditation, il peut être nécessaire d'y recourir. C'est inutile évidemment si les preuves sont catégoriques, irréfragables. Elles s'imposent alors aux juges et aux jurés.

Mais il arrive qu'un élément d'incertitude subsiste. Les preuves ne s'emboîtent pas exactement, ne se coordonnent pas parfaitement. Elles n'échappent pas à des contradictions ponctuelles. Juges et jurés ont alors recours à leur « intime conviction », c'est-à-dire qu'ils se proposent à eux-mêmes une explication, font intervenir leur propre hypothèse, corrigent dans leur esprit le point douteux :

Un vieillard a été découvert, mort, à son domicile. Il résulte des investigations médico-légales qu'il a été empoisonné à l'arsenic. Son neveu, seul héritier, est arrêté, inculpé, puis, en dépit de ses protestations d'innocence, envoyé devant la cour d'assises.

Trois circonstances sont rigoureusement établies : 1. L'accusé est dans une situation financière déplorable; 2. il avait acheté peu de temps avant le crime une boîte de mort-aux-rats; 3. Il se trouvait dans la maison de la victime le jour où le poison a été absorbé.

Il appartient alors aux juges et aux jurés d'estimer s'il existe une relation nécessaire et suffisante entre ces trois circonstances — qui constituent des *présomptions* — et d'en déduire que l'accusé est bien l'auteur de l'acte criminel. A partir d'éléments concrets et certains ils élaborent un raisonnement, ils rétablissent les chaînons manquants, et, s'ils acquièrent le sentiment profond que les présomptions atteignent un degré satisfaisant de précision et de concordance, ils se déclarent *intimement convaincus* de la culpabilité de l'homme qu'ils vont juger.

Ils estiment donc qu'il est bien l'auteur du crime, qu'il en est la cause et — au sens où l'on entend communément le mot — qu'il est responsable[4] de la mort de la victime.

Mais ils sont moralement tenus d'examiner une tout autre forme de sa responsabilité : sa *responsabilité personnelle.*

Et nous arrivons au point oméga.

Que l'acte criminel soit avoué ou que la preuve en soit fournie par des témoignages, voire des présomptions (c'est le cas de notre exemple), il va falloir que juges et jurés s'interrogent en leur for intérieur sur la *responsabilité personnelle* de l'accusé, c'est-à-dire se demandent s'il assume son acte, s'il a eu réellement le pouvoir « de faire ou de ne pas faire », s'il portait en lui une possibilité de se dominer. Ils doivent explorer sa conscience psychologique.

Là encore ils se décideront, comme le leur demande la loi en faisant appel à leur intime conviction, mais c'est seulement au fond d'eux-mêmes qu'ils trouveront une réponse.

Pour établir la matérialité de l'acte criminel, leur intime conviction n'a fait que conforter des éléments déjà existants, objectifs, concrets, mais plus rien n'est positif lorsqu'il s'agit d'avoir la preuve de la *responsabilité personnelle* d'un accusé. Juges et jurés ne disposent plus que du sentiment qu'ils portent en eux d'être responsables de leurs propres actes et de détenir une liberté d'agir. Tel est leur état de conscience et, raisonnant par analogie, ils l'attribueront au criminel; en

4. C'est dans cette acception de *responsabilité causale* que l'on dit par exemple d'un automobiliste qu'il est responsable du dommage qu'il a causé par sa manœuvre.

quelque sorte ils le lui transféreront, et c'est cette impression qui constituera l'unique preuve de la *responsabilité personnelle* de l'assassin.

Celui qui participe à l'œuvre de justice devrait cependant avoir toujours présent à l'esprit que les différences entre les êtres sont infinies, impénétrables et qu'il n'apporte aucune démonstration de la *responsabilité personnelle* du criminel qu'il doit juger. Seule existe une conviction elle-même façonnée par une éducation, des croyances, des options métaphysiques ou idéologiques.

Comment démontrer l'indémontrable? La *responsabilité personnelle* de chaque être humain ne se démontre pas, pas plus que son contraire. Les uns y croiront, d'autres la récuseront. Qui oserait se flatter d'en avoir la révélation?

Il va falloir cependant sanctionner, mettre la société à l'abri des agissements d'un homme dangereux, satisfaire à un besoin légitime de justice, bref, il va falloir condamner.

Mais il y a un seuil à ne pas franchir. On ne peut envoyer un homme à l'échafaud au motif que l'on a l'« intime conviction » de sa responsabilité personnelle. Ce serait seulement au nom de simples états de conscience qu'on le ferait tuer de sang-froid.

La part des psychiatres

Pendant longtemps juges et jurés pour se déterminer sur la *responsabilité personnelle* d'un accusé adoptèrent les avis d'experts psychiatres qui croyaient pouvoir donner une réponse à la question. Mais au fur et à mesure des progrès de leurs connaissances, les hommes de l'art sont devenus plus réservés.

Ils savent dire si un criminel est atteint ou non de déficience intellectuelle, s'il souffre ou non d'un trouble psychique, si ce trouble est susceptible d'être réductible ou non, si celui qui en est affecté est dangereux ou non. Ils sont qualifiés pour évoquer la possibilité d'une chute de conscience ou la survenue d'une pulsion au moment de l'acte, sur un fonds caractériel qu'ils ont analysé... En bref, ils dressent un bilan médico-psychologique. Mais leur science ne leur permet pas de s'engager sur le terrain de la métaphysique et des croyances. Ils ont cessé de formuler des préjugements de responsabilité qui étaient de véritables verdicts.

Les juges et les jurés ne relèvent donc plus que de leur conscience. C'est maintenant à eux, et à eux seuls, qu'il appartient d'arbitrer le dramatique conflit entre le pouvoir de punir et le droit à la vie de tout homme et, pour moi, ils ne peuvent, devant leur incertitude objective, fonder — sur leur seule conviction de la *responsabilité personnelle* de l'accusé — leur décision de le condamner à mort.

Enfermé dans un système

Je n'ai pas une vision déterministe, encore moins mécaniste, de la conduite d'un criminel, mais sa liberté de faire ou de ne pas faire ne m'apparaît pas être en général là où on la situe.

Que l'on ne s'y trompe pas, je ne recherche nullement des excuses à son acte, mais il faut essayer de l'analyser, de l'expliquer, ne serait-ce que pour en comprendre le processus, afin de prévenir ou d'éviter d'autres drames et de tenter de protéger effectivement la société.

Bien des facteurs, qui tiennent à son individualité profonde, à son environnement, à son milieu culturel, ont pesé sur lui.

Certaines circonstances ont précipité son « passage à l'acte ». Comme l'a écrit le professeur Didier Anzieu, « il s'est enfermé dans un système tel que l'acte criminel était alors la seule issue [5] ».

Ce n'est donc pas dans les moments qui ont précédé le crime qu'il faut rechercher le pouvoir qu'il a eu de choisir, de décider, bref le moment de sa responsabilité personnelle, c'est avant qu'il se soit muré dans la logique interne de son système, au moment où le projet a effleuré sa conscience et où il ne l'a pas écarté, ce projet qui, d'étape en étape, le conduira au crime.

Souvent, loin de l'écarter, il s'y est complu. Cette ébauche de l'acte est devenue l'objet préféré de ses ruminations. Il ne s'est pas arrêté quand il était temps encore.

Mais, en remontant le cours de son histoire, en se glissant dans son enfance, en cherchant qui aurait dû lui apprendre à se maîtriser, comment il aurait pu être amené à savoir canaliser ses pulsions instinctives, peut-être à se libérer de ses fantasmes et de ses tourments, on n'arrive qu'à des suppositions incertaines.

Celui qui n'a pas à participer lui-même à l'œuvre de justice peut se contenter d'émettre des réponses qui lui sont dictées par sa conscience — sans qu'il ait cependant

5. *Responsabilité pénale et psychologie*, par Didier Anzieu, dans « Travaux du colloque de philosophie pénale », Dalloz, 1961.

à porter le poids de la décision — ou de donner des réponses seulement inspirées par un souci sommaire — et d'ailleurs illusoire — de défense et de protection.

Bien différent est le cas de ceux qui vont décider de la vie ou de la mort d'un homme. Ils se doivent d'avoir d'autres références.

L'élimination

Sans doute des juristes — et bien d'autres — peu disposés à lever, même timidement, leur regard vers les hauts feuillages où tremble la liberté de l'homme m'objecteront qu'il importe peu d'ignorer le degré de responsabilité personnelle d'un assassin.

Il suffit que la société ait la preuve de sa « dangerosité ».

« Qu'elle le tue donc, comme on abattrait une bête sauvage. »

Oui, au droit de tuer devant un danger immédiat de mort, dans une action de défense légitime de soi ou d'autrui.

Non, si la mort est prononcée de sang-froid par une décision de justice délibérée et élaborée.

Il ne m'appartient pas, dans les limites de ce livre, de me prononcer sur les cas où des populations terrorisées par des groupes armés, porteurs de mort, massacreurs d'innocents — situation bien proche de l'état de guerre — demandent à leurs institutions de faire procéder à l'exécution des criminels. C'est là une question qui dépasse largement les attributions ordinaires d'une cour d'assises et de ses juges.

Je m'étonne toujours que certains chrétiens, qui devraient être pénétrés du message du Christ, rejoignent le camp des partisans de la seule élimination.

Il est vrai que pendant deux millénaires bien des violences illégitimes se sont réclamées de la croix, et que des docteurs de l'Église ont vu dans le meurtre légal du criminel l'occasion de son expiation et de son rachat. Mais la justice des hommes n'est pas celle de Dieu [6].

Des spécialistes de l'argutie juridique avanceront qu'il n'est pas nécessaire de rechercher la responsabilité personnelle d'un criminel, et qu'il suffit d'établir « sa capacité pénale ».

Mais ce n'est pas en substituant un mot à un autre

6. Ce chapitre était achevé lorsque l'Épiscopat français a pris pour la première fois catégoriquement position pour l'abolition de la peine de mort. Il a ainsi courageusement rompu avec une certaine tradition qui, favorable au châtiment suprême, se recommandait des écrits de quelques Pères ou Docteurs de l'Église.

Les évêques n'hésitent pas à déclarer : « La pensée moderne rejoint la pensée biblique qui récuse la dualité dans l'homme. Il est corps et âme. C'est comme tel qu'il est à respecter... C'est comme personne corps et âme que l'homme est redevable à Dieu. Voilà pourquoi le chrétien accepte difficilement qu'un homme, quelle que soit sa fonction, puisse de sang-froid interrompre ce mystérieux dialogue entre une personne et Dieu, en décidant du moment ultime où doit prendre fin sa plus intime responsabilité. »

Le document est d'une grande élévation de pensée.

Ses auteurs montrent que pour un chrétien « l'expiation ne doit nullement entraîner la suppression du pécheur », et que la conscience collective, en voyant dans la peine de mort une expiation, a « conservé quelque chose de la conception païenne des religions à sacrifices humains ».

Ils estiment que « la société, au terme d'un procès régulier, ne peut disposer de la vie d'un homme sous le couvert de sa culpabilité », que « le droit à la vie est un absolu, et la peine de mort une des formes du mépris de la vie humaine ».

Ils soulignent « qu'une telle conviction, fortement mise en valeur par le courant personnaliste dans ses exigences à l'égard de l'affinement des mœurs, marque la mentalité contemporaine, surtout celle des jeunes ».

qu'on évacue un problème. Où serait la capacité pénale d'un homme dépourvu de responsabilité personnelle?

L'homme que l'on tue

On a vu des condamnés à mort au cours d'une longue détention s'élever progressivement à la conscience de leur responsabilité envers eux-mêmes et envers les autres. Les structures de leur antisocialité ont éclaté. Des aumôniers, des avocats, des juges de l'application des peines, des éducateurs et des visiteurs de prison, des agents des établissements pénitentiaires sont là pour en témoigner.

L'homme que l'on va tuer légalement a pu devenir un être différent de l'homme qui a tué. Me Baudet, qui fut un avocat prestigieux par son éloquence et par l'élévation de sa pensée, me l'attestait un jour en me parlant de l'un de ses jeunes clients qui monta à l'échafaud. Il s'abstenait seulement de me dire que, depuis l'arrestation de ce garçon pour assassinat d'un gardien de la paix, il avait, patiemment, avec sollicitude, contribué à le transfigurer.

Caryl Chessman, exécuté en Californie après un tête-à-tête de douze ans avec la mort, n'était plus le « bandit à la lumière rouge » quand il passa dans la chambre à gaz. Maria Le Hardouin, dans son livre *A la mémoire d'un homme,* a fort bien exposé ce cas célèbre, cas extrême sans doute en raison de la durée de la détention, mais qui illustre lumineusement les possibilités de transformation d'un être.

Les démons exterminateurs

Une condamnation à mort et son exécution réveillent des fantasmes ancestraux, dont certains sont aussi vieux que les premières sociétés.

De tout temps, c'est devant la multitude accourue qu'on a crucifié, brûlé, roué, estrapadé, pendu, écartelé, écorché vif, décapité. De tout temps, la mort a exercé une sorte de fascination.

Besoin pour un peuple souillé par le crime de l'un des siens de se purifier en le sacrifiant, libération de la cruauté des foules, jouissance de la vengeance qui s'assouvit dans le meurtre rituel.

On a guillotiné en France publiquement jusqu'en 1939.

A Riom, le bourreau installait les bois de justice au pied du Pré-Madame, devant la maison d'arrêt. Des campagnes, des villes voisines, un énorme public venait chercher sa ration de spectacle. Les effectifs de la police étaient multipliés. La pègre de Lyon, de Saint-Étienne, de Clermont-Ferrand affluait pour participer dans l'hystérie collective à la fête morbide du sang et de la mort.

Dans tous les pays où les exécutions se passent à l'intérieur des prisons, une effervescence équivoque, haletante et jouissive parcourt les cellules des prisonniers à l'approche de l'heure où la chambre à gaz va fonctionner, où la potence est dressée, où une tête sera tranchée. Une exaltation trouble s'installe, effet d'une sorte d'identification au « héros » qui va être sacrifié.

Le mythe de la dissuasion

En marge de l'aspect fondamental et humaniste du problème, la peine de mort a-t-elle valeur d'exemplarité?

Si l'échafaud installé sur la place publique était utilisé spectaculairement en permanence, sans doute le système aurait un effet intimidateur! Encore faudrait-il se méfier des braises qui couvent sous les cendres. Mais nous ne sommes plus en 1793.

Rendre la justice, ce n'est pas instituer l'épouvante.

Si pour certains crimes les cours d'assises ont le pouvoir d'appliquer la peine de mort, elles le font avec modération. Le Président de la République use largement de son droit de grâce. Chaque année, pour une vingtaine de peines capitales prononcées, une à deux exécutions. Les autres condamnés à mort bénéficient de la grâce présidentielle et la peine capitale est en général commuée en réclusion à perpétuité.

Le condamné fera d'ailleurs presque toujours l'objet d'un élargissement par anticipation : remise de peine ou libération conditionnelle à la suite d'un délai d'épreuve.

Le prononcé de la peine de mort « pour l'exemple » n'est pas en soi un argument de grande portée.

Si nous étendons nos investigations au plan international, nous constatons que dans les pays où la peine de mort a été supprimée aucune recrudescence sensible de la criminalité n'a été observée au cours des années qui ont suivi l'abolition, en droit ou en fait. Les études réalisées dans divers pays se recoupent absolument dans leurs résultats.

Si l'on en croit les sondages, l'opinion publique française, dans sa majorité, lui attribue cependant un effet dissuasif.

Il faut reconnaître que les Français ont de bonnes raisons d'éprouver un sentiment de relative insécurité devant la croissance de la criminalité, sentiment d'ailleurs amplifié par les *mass media* qui se complaisent trop souvent dans l'exploitation des faits divers.

L'augmentation de la criminalité dans ses formes les plus graves appelle des explications, mais l'abolition de la peine de mort ne constituerait pas un facteur d'aggravation et ne réduirait pas la portée de la lutte sévère et de tous les instants qu'il est devenu indispensable de mener contre le crime dans nos sociétés contemporaines [7].

La roulette russe

Peut-on faire dépendre la vie d'un homme de la plus ou moins grande force de persuasion de son accusateur ou de son défenseur? de la plus ou moins grande valeur scientifique d'investigations médico-psychologiques? du caractère approfondi ou sommaire de renseignements sociaux?

Pour des crimes identiques, soulevant le même degré d'indignation, tel criminel évite le châtiment suprême devant une cour d'assises, alors que tel autre, au même

7. Le Comité d'études sur la violence dont j'ai fait partie, présidé par M. Alain Peyrefitte, devenu garde des Sceaux, s'est prononcé en faveur de l'abolition de la peine de mort par un vote à bulletin secret qui a donné six voix pour l'abolition, trois pour le maintien et deux abstentions.

moment et devant une cour d'assises voisine, s'entend condamner à la peine capitale.

En 1976, à peu de jours d'intervalle, deux auteurs de rapts d'enfants suivis d'assassinats comparaissent aux assises. L'un à Troyes, Patrick Henry, sauve sa tête; l'autre à Douai, Jérôme Carrein, est condamné à mort et exécuté.

La justice est humaine, l'égalité des peines ne peut qu'être imparfaite, et surtout des considérations sur la personnalité du criminel interviennent, qui font varier les verdicts. Mais les inégalités apparentes ou réelles constatées dans les prononcés et l'exécution de la peine de mort sont ressenties comme une profonde injustice par le public.

Puisque les cours d'assises, sous peine de bafouer le principe de l'individualisation de la peine, ne peuvent condamner à mort les assassins de façon quasi automatique, je trouve là une raison supplémentaire de me prononcer pour l'abolition de la peine capitale.

L'anachronisme français

Les considérations d'ordres divers que je viens d'exposer ont conduit la quasi-totalité des pays de l'Europe de l'Ouest, de nombreux pays d'Amérique du Nord et d'Amérique du Sud, un nombre important des États des U.S.A. soit à abolir radicalement la peine de mort, soit à la supprimer — pour les crimes de droit commun je le précise (ce qui exclut le crime politique et le crime militaire) —, soit à vivre sous l'égide d'une coutume abolitionniste — c'est le cas de la Belgique et du Luxembourg.

La France et l'Espagne [8] restent avec la Grèce les derniers pays de l'Europe occidentale où la peine de mort est maintenue. Il est étrange que le pays des droits de l'homme demeure en Occident l'État qui lui est le plus attaché, alors que les autres nations connaissent une recrudescence de criminalité comparable et parfois plus importante encore.

J'ai peine à croire que s'il était possible d'exposer ce problème aux Français avec méthode et objectivité — surtout si l'on parvenait à leur faire bien comprendre que l'abolition ne saurait être interprétée comme une faiblesse —, ils continueraient à être les derniers tenants de la peine capitale. La peine de mort ne fait que les rassurer en trompe-l'œil.

C'est ce qu'a écrit Henri Noguères, président de la Ligue des droits de l'homme, dans un article qui a paru dans *le Monde* [9] : « Les meilleures des démocraties ont mené dans le passé, à contre-courant, des luttes apparemment sans espoir qui les ont conduites à relever appel devant le suffrage universel non des tendances décelées par les instituts de sondage de l'opinion publique, mais bien des décisions prises par le suffrage universel lui-même. Faut-il, parce que l'on est démocrate, renoncer à démontrer à la majorité des citoyens de son pays que, mal informés, mis en condition, victimes des *media,* ils ont fait fausse route? »

8. Le gouvernement espagnol vient d'ailleurs de présenter au Parlement un projet de loi pour l'abolition de la peine de mort.

9. « Contre le courant », *le Monde,* 4 mars 1976.

Sondage auprès des magistrats

Le professeur Jacques Léauté, qui dirige l'Institut de criminologie de l'Université de Paris, a fait procéder en 1977 à un sondage auprès de magistrats.

2 573 réponses ont été recueillies et analysées.

67,74 % des magistrats dans leur ensemble sont hostiles à l'abolition, contre 32,26 % qui lui sont favorables.

Mais, si l'on examine les résultats par rapport à leur ancienneté, on constate que, pour ceux qui comptaient moins de dix ans de fonction, les opinions étaient presque équilibrées, 51 % contre 49 % en faveur de l'abolition. Me voici donc d'accord sur ce point avec la confortable minorité des cadets abolitionnistes de la magistrature, et par là même singulièrement rajeuni [10].

L'opportunité

L'abolition, si jamais elle se réalise, devrait être décidée par le gouvernement et le pouvoir législatif.

Une certaine opportunité politique et sociale les amènerait sans doute à choisir pour cette importante

10. Sur la peine de mort :

Rapport pour les Nations unies du président Marc Ancel, *la Peine capitale*, plaquette publiée par le Département des affaires économiques et sociales des Nations unies (1962).

Notre violence, par Jacques Léauté (1977), Éd. Denöel.

Notre intime conviction, par Paul Lombard (1977), Éd. R. Laffont.

Ils ne sont pas nés délinquants, par le Dr Yves Roumajon (1977), Éd. R. Laffont.

Tout condamné à mort aura la tête tranchée, par J.-M. Théolleyre (1978), Éd. Tema.

option une période où la grande criminalité (rapts d'enfants, prises d'otages, hold-up, meurtres d'agents de la force publique, assassinats...) resterait étale ou en décroissance.

L'anxiété actuelle de l'opinion supporterait mal ce qu'elle considérerait comme une atteinte à sa sécurité. La pression qu'elle exerce dans le sens du maintien est évidente. Je crois avoir montré qu'elle se trompe. La peine de mort figure dans notre Code pénal mais sa représentation n'a pas arrêté les plus grands criminels. Au lendemain même d'une exécution des assassinats monstrueux sont perpétrés.

On ne peut d'ailleurs abolir la peine de mort pour des criminels qui ont tué avec préméditation et à qui tout bénéfice de circonstances atténuantes a été refusé, sans proposer dans le même temps une peine de substitution, un enfermement de très longue durée (trente ans), qui exclurait toute possibilité de remise ou de réduction, avant quinze ans par exemple. A l'expiration de ce délai, une remise ou une réduction de peine pourrait être envisagée, mais elle serait décidée par une juridiction, et non par l'Administration.

Au-delà de quinze années, l'espoir de réinsertion sociale s'amenuise singulièrement. La résistance du psychisme à l'emprisonnement a des limites.

Je crois plus, pour ma part, à la dissuasion qu'exercerait la certitude d'une longue peine d'emprisonnement sans rémission, catégorique, précise, qu'à la perspective de la peine de mort. Le criminel en puissance entrevoit toujours la mort comme aléatoire, mythique, exceptionnelle, soumise à une sorte de loterie où l'on peut perdre, mais aussi gagner. Cette ambiguïté enlève à la peine capitale son pouvoir d'intimidation.

Pour des spécialistes de rapts d'enfants, de séquestrations, de prises d'otages, calculateurs et organisés, la menace d'une peine redoutable — trente années d'enfermement — inéluctablement appliquée et irréductible pendant vingt ans en cas d'exécution de la victime, de sévices ayant entraîné la mort ou une invalidité, serait susceptible d'amener des ravisseurs à renoncer à devenir des meurtriers, des assassins, ou des tortionnaires [11].

Nevers 1942-1943

Le grave problème de la peine de mort, qui m'a posé des questions auxquelles pendant longtemps je ne trouvai pas de réponse, nous a tenus éloignés de Nevers.

Nevers et tout le département de la Nièvre étaient devenus une plaque tournante pour les convois ferroviaires de troupes et de matériels allemands dès 1942. Les déraillements se multipliaient. Le parquet ne pouvait que constater les dégâts. La gendarmerie ne manifestait aucun empressement à retrouver les saboteurs. Les informations « contre inconnus » s'empilaient dans des dossiers qui restaient... incomplets.

Mais d'étranges polices, qui ne relevaient pas des autorités régulières, procédaient à des investigations et à des arrestations, dont elles rendaient d'abord compte aux officiers de la Kommandantur. Elles venaient ensuite au parquet et prétendaient connaître les auteurs réels des sabotages considérés par nous comme « inconnus ».

Les menaces d'internement administratif se mirent à

11. Sur les dernières réactions devant le problème de la peine de mort, voir la note n° 13 en fin de chapitre, page 106.

croître après le départ du préfet André Sadon, dont l'action courageuse avait enrayé bien des poursuites.

La prison se remplissait. Il devenait urgent de faire bénéficier les suspects, saboteurs et autres, d'ordonnances de non-lieu, avant que les preuves de leurs exploits ne fussent rassemblées.

C'est en cette période difficile que je reçus une visite.

Pendant les déplacements de mon bataillon en 1939, un détachement, dont l'un des lieutenants se nommait Jean Bruller, s'était joint à nous.

Dans un vieux wagon de la S.N.C.F. eut lieu notre première rencontre et naquit une solide amitié qui ne s'est jamais démentie. Il habitait Villiers-sur-Morin, en Seine-et-Marne. Pour répondre à son désir de passer en zone libre, je lui avais fait établir par mon ancien secrétaire au parquet de Thiers une convocation — fictive — comme témoin dans une affaire d'accident de la circulation. C'est donc muni d'un *Ausweis* en règle qu'il s'arrêta pour me rencontrer à Nevers.

Nos longues conversations avaient été suffisamment explicites pour que je me doute que ce n'était pas par simple goût du tourisme qu'il m'avait demandé de faciliter son voyage au sud de la Loire — mais je ne savais pas alors que ce voyage allait être à l'origine des premières éditions littéraires clandestines de l'Occupation qui paraîtraient sous le nom des « Éditions de Minuit ». Il y écrivit *le Silence de la mer*, puis *la Marche à l'étoile* qui eurent un grand retentissement, et devint justement célèbre sous le pseudonyme de Vercors.

Il conte lui-même l'anecdote dans son livre de

souvenirs de l'Occupation, *la Bataille du silence* [12], et je lui laisse la parole :

« Je m'arrêtai d'abord à Nevers, pour remercier Chazal et lui demander certains conseils. Je trouvai, m'attendant à la gare, une femme très avancée dans sa grossesse, mais fort jolie. Elle s'approcha de moi, prononça mon nom. Elle me raconta que son mari pour tout signalement lui avait dit : " Il a un profil de médaille. " Mais elle m'avoua en riant n'être venue à moi qu'à cause de mon sac tyrolien et mon air de chercher quelqu'un. Chazal commençait à rencontrer d'assez graves difficultés et n'était pas sûr que, quelques semaines plus tard, il aurait pu m'aider. Il venait de faire relâcher, pour qu'ils ne fussent pas livrés aux Allemands, une trentaine de détenus avec un non-lieu qui avait mis le préfet en fureur : c'étaient trente communistes auteurs de sabotages. Il les avait priés d'aller pendant un certain temps faire sauter les trains dans un autre département, mais craignait néanmoins, outre une grande surveillance, de se voir tôt déplacé. »

Non, je ne fus pas « déplacé », bien qu'on m'eût laissé clairement comprendre que j'étais indésirable dans la Nièvre. Mais j'avais conscience de ne plus être utile à quiconque, et même de présenter dorénavant une sorte de danger pour ceux à qui j'aurais aimé apporter une aide.

Les circonstances favorisèrent mon départ.

Je dus me rendre à Paris à la fin du printemps 1943.

Sous l'égide du ministre de la Santé publique, « une

12. *La Bataille du silence. Souvenirs de minuit*, Presses de la Cité, 1967.

coordination entre les différentes administrations ayant dans leurs attributions les questions concernant l'enfance déficiente et en danger moral » — c'est-à-dire les ministères de la Justice, de la Santé et de l'Éducation nationale — venait d'être instituée. Un service administratif dirigé par un magistrat devait en assurer le fonctionnement.

Je m'étais toujours intéressé aux problèmes des mineurs de justice. Le poste me fut offert. Je l'acceptai. Ainsi prit fin ma vie de provincial et de parquetier.

Naissance du juge des enfants

Des familles s'étaient disloquées du fait de la guerre, des enfants perdus ou abandonnés, livrés à eux-mêmes, vagabondaient, en état de sous-nutrition quasi constante. Ils avaient commis des vols, des pillages, souvent pour survivre. Ils méritaient bien le nom qu'on leur donna alors d' « enfants en danger moral », et la plupart étaient en fait d'authentiques délinquants. Il fallait au plus tôt s'en occuper sérieusement.

Il m'apparut primordial de former, pour les prendre en charge, des éducateurs spécialisés, que l'on appela alors rééducateurs. Avec des moyens de fortune, j'organisai des stages préparatoires, l'un notamment auprès de l'école Théophile-Roussel à Montesson, dirigée par un homme compétent et généreux, Jean Pinaud. Ce stage fonctionna dans une sinistre maison, le pavillon Laborde, qui, encerclé dans d'épais barreaux, ressemblait plus à une prison qu'à un centre d'accueil. Pendant des années, on y avait reçu des mineurs vagabonds.

La plupart des stagiaires étaient de jeunes hommes en

difficulté avec les autorités d'Occupation ou qui avaient de bonnes raisons de se camoufler : recherchés par le Service du travail obligatoire en Allemagne, israélites, jeunes résistants qui étudiaient le jour et exécutaient, la nuit tombée, des missions.

Ces stages fonctionnaient avec l'accord du docteur Grasset, ministre de la Santé publique, qui n'ignorait rien du recrutement un peu spécial et des activités extra-professionnelles des pensionnaires du pavillon Laborde, et c'est justice de dire qu'en fait, grâce à lui, ils purent échapper à l'occupant.

La tâche qui m'était dévolue me conduisit à jeter les premiers jalons de ce qui allait devenir, après la guerre, le statut de l'« enfance inadaptée ».

J'y fus beaucoup aidé, et c'est en concertation permanente avec des personnalités du monde médical, psychologique, pédagogique, social, dont les conseils m'étaient indispensables, que put s'effectuer ma mission. La plupart devinrent pour moi des amis. Ensemble, dans les conditions les plus malaisées, nous nous efforcions de préparer l'avenir.

Je pense avec émotion à la collaboration constante et désintéressée que me dispensaient notamment le professeur Heuyer, le professeur Wallon, le professeur Lagache, le docteur Robert Préaut, le docteur Le Guillant, le docteur Dublineau, le commissaire de l'Armée du Salut Charles Péan, Me Decugis, avocat à la Cour de Paris, Mme Hélène Campinchi, également avocat à la Cour de Paris, Mme Petit-Liévois, le docteur Bianquis, Henri Joubrel de Rennes, le professeur Lafon de Montpellier, le professeur Reynaud de Toulouse, le docteur Meignant de Nancy, et bien d'autres. Tous ont été des pionniers dans un domaine encore en friche...

Au lendemain de la Libération de Paris, Hélène Campinchi fut nommée conseiller technique au cabinet du garde des Sceaux, François de Menthon. Elle fut chargée de préparer le nouveau statut légal des mineurs délinquants, et m'appela à collaborer à cette œuvre, dont elle s'acquitta avec lucidité et énergie; puis, quand le texte fut promulgué, elle me demanda de faire partie de l'équipe qui allait appliquer ce nouveau statut constitué par l'ordonnance du 2 février 1945.

C'est ainsi que je devins juge des enfants à Paris.

13. En juin 1978, des députés de la majorité et de l'opposition ont déposé une proposition de loi tendant à l'abolition de la peine de mort. Cette proposition provoquera un large débat devant le Parlement.

Un sondage SOFRES, effectué postérieurement, révèle que le pourcentage des Français partisans du maintien de la peine de mort a sensiblement diminué depuis deux ans. Tandis qu'il était de 72 % en août 1976, il n'est plus que de 58 % en juin 1978. Il est possible que la recommandation du Comité d'études sur la violence qui s'est prononcé l'année précédente en faveur de la suppression de la peine capitale, ait amené un certain nombre de personnes à reconsidérer leur opinion sur ce grave problème. La volonté abolitionniste manifestée en Espagne par le gouvernement n'est sans doute pas, elle non plus, étrangère à l'évolution qui vient d'être constatée en France.

CHAPITRE VIII

LE JUGE DES ENFANTS

C'est en 1954 que le grand public découvrit le juge des enfants à travers le livre de Gilbert Cesbron *Chiens perdus sans collier* [1]. Puis, en 1955, Jean Delannoy en tira un film, dont le protagoniste fut Jean Gabin dans le rôle du « juge Lamy ».

Avec surprise, et intérêt, les Français — et bien d'autres — firent la connaissance dans le roman, puis à travers les traits du célèbre acteur, d'un magistrat disponible, à tout instant accessible, sortant de sa tour d'ivoire, plus préoccupé de dispenser un soutien que d'infliger des peines.

Nos compatriotes avaient encore devant les yeux l'image cruelle des bagnes d'enfants, devenus le creuset du récidivisme.

De nombreux écrivains les avaient stigmatisés et, en dépit d'efforts valablement entrepris, des établissements tels Aniane ou Belle-Isle-en-Mer charriaient un sinistre passé.

Dès avant 1939, des hommes s'étaient cependant

1. Éditions Robert Laffont, 1954.

courageusement attaqués à ce grave problème et avaient bien compris qu'il fallait transformer à la fois les institutions et le statut du mineur délinquant devant la justice.

Je pense au juge Rollet, à Vincent Auriol, à Marc Rucart, au journaliste Alexis Danan — entre autres.

J'ai vécu la naissance de la fonction de juge des enfants, j'ai participé à sa définition, je l'ai exercée pendant treize ans et, avec d'autres [2], j'ai contribué à lui donner ses assises.

Avec la plus parfaite sincérité je peux dire qu'aucune activité n'a été aussi enrichissante pour moi.

La mission

Le juge des enfants se trouve au centre de la protection des jeunes délinquants, ceux qui ont moins de dix-huit ans.

Appelé de plus en plus « magistrat de la jeunesse » — expression beaucoup mieux adaptée à l'âge de sa « clientèle » — il a pour mission primordiale de mener l'enquête, puis de juger. Il est, dit-on, à la fois « juridiction d'instruction et juridiction de jugement ».

La décision est donc prise par un magistrat qui connaît déjà le mineur et c'est l'une des grandes originalités de la fonction.

2. Les juges de la toute première époque : J. Burghes, J. Cotxet d'Andreis, J. Fabre de Morlon, G. Fédou, L. Girault, M. Henri, Y. Joffre, J. Labarthe, G. Moène, R. Maurel, J. Turquey, P. Le Bourdellès...

Ce juge d'un nouveau modèle fait porter son enquête sur les faits et aussi sur la personne du mineur. Il le juge ensuite en adaptant la décision à la connaissance qu'il a acquise de sa personnalité, à travers un ensemble d'investigations médico-psychologiques et sociales prescrites par ses soins.

Elles sont effectuées par des travailleurs sociaux et des éducateurs spécialisés, par des médecins, des psychologues, des orienteurs professionnels.

Après l'enquête, le jugement intervient. Il est rendu par le juge des enfants qui, selon les cas, prend la décision seul dans son cabinet, ou bien statue en qualité de président du tribunal pour enfants, assisté de deux assesseurs [3], dans la salle d'audience, où le public n'est pas admis.

Ce sont des mesures de protection et d'éducation qui sont, en général, prononcées.

Deux grandes catégories de mesures

En « milieu ouvert [4] », le mineur est laissé dans sa famille ou placé dans une famille d'accueil. Il est alors pris en charge par un éducateur spécialisé.

Ou bien en institution éducative, publique ou privée (internat [5], foyer de semi-liberté, institut médico-psychologique, etc.).

3. Les assesseurs ne sont pas des magistrats professionnels, mais des personnes nommées en raison de l'intérêt qu'elles portent aux questions de l'enfance et de leurs connaissances en cette matière.

4. L'action éducative en milieu ouvert est née de l'institution de la liberté surveillée, exercée par des « délégués », les uns professionnels (délégués permanents), les autres bénévoles.

5. On ne saurait se méprendre sur le terme d'« internat ». La plupart des internats éducatifs sont très largement ouverts sur la vie extérieure,

Le juge des enfants continue à suivre le jeune pendant la durée de l'exécution de la mesure. Il peut la modifier à tout instant selon l'évolution de la situation.

A l'évidence, la finalité conférée à l'intervention du juge des enfants est, avant tout, protectrice et éducative.

Sans doute, à l'égard des mineurs délinquants de plus de treize ans, le tribunal pour enfants est autorisé par la loi à prononcer une condamnation pénale. Elle doit rester exceptionnelle, surtout si elle constitue une peine ferme d'emprisonnement.

Quand l'envisager?

Devant des faits très graves, pour que la sanction serve d'exemple, ou lorsque le jeune apparaît nettement dangereux — il faut alors penser à le neutraliser — ou encore lorsqu'il récidive de façon inquiétante.

Mais la prison, dans son régime actuel, a presque toujours une action négative. La promiscuité la plus néfaste, le caractère artificiel de la vie carcérale, la privation de liberté chez des jeunes auxquels on n'a jamais appris à se contrôler et qui ont toujours vécu dans un climat de grande permissivité, exaspèrent leurs sentiments d'animosité envers la société. Les codétenus confrontent leurs rancœurs, autant d'éléments qui contribuent à rendre un adolescent encore plus profondément antisocial.

La maison d'arrêt et la maison centrale — même avec des quartiers réservés aux mineurs — ne sont pas des lieux qui pourront rendre à la communauté, au bout de quelques mois ou de quelques années, des garçons encore très jeunes en état de s'y insérer.

---

afin d'éviter le caractère « artificiel » qu'ils ont eu dans le passé. Une action éducative doit être menée dans la « réalité », et seulement ainsi un jeune est en état de faire l'apprentissage de sa responsabilité.

Tant que nous n'aurons pas en France une ou deux prisons-écoles de bonne qualité [6], je considérerai la prison comme le plus médiocre des pis-aller pour des mineurs.

S'il est légitime de vouloir neutraliser un adolescent dangereux, pensons qu'une détention a une fin, qu'il peut sortir de prison plus audacieux, plus haineux encore qu'à son entrée. « Il a besoin d'une bonne leçon », dit-on. La prison est loin de toujours la lui donner. Aussi, dans bien des cas, même préoccupants, c'est le placement dans une institution éducative qui doit être préféré. Faut-il encore qu'elle soit appropriée. Remettre dans la vie un mineur qui aura surmonté ses propres difficultés, nous savons que c'est possible.

Pendant une quinzaine d'années, contre vents et marées, l'institution du juge des enfants s'est développée de façon très satisfaisante.

Aussi en 1958 le législateur n'a-t-il pas hésité à confier à ce magistrat une nouvelle compétence : prendre des mesures protectrices et éducatives à l'égard des « mineurs en danger », enfants et adolescents dont « la santé physique, la sécurité, la moralité, les conditions de l'éducation sont gravement compromises ». Ce sont les mesures d'assistance éducative [7].

Préalablement à sa décision, le magistrat de la jeu-

6. La prison-école, qui serait utile pour un contingent de mineurs de seize à dix-huit ans, tout en faisant vivre ces jeunes condamnés dans un cadre strict, en les soumettant aux impératifs d'une discipline collective et en évitant soigneusement les dangers qui sont ceux des prisons actuelles, devrait avoir pour souci constant les intérêts de l'éducation de ses pensionnaires, de leur santé physique et mentale, de leur état psychologique, de leur formation professionnelle.

7. L'assistance éducative a été instituée par une ordonnance du 23 décembre 1958. En 1970, avec quelques modifications, le texte fut intégré dans le Code civil sous les articles 375 à 375-*15* de ce Code.

nesse a fait procéder à des investigations très voisines de celles qu'il provoque à l'égard des mineurs délinquants.

Il statue toujours seul et, en aucun cas, il ne prononce de condamnations pénales, puisque le motif de l'intervention judiciaire n'est pas un délit, mais un état de danger.

L'institution de l'assistance éducative a tout de suite pris un grand essor. Pour une même année, par exemple en 1975, 65 310 mineurs au titre de l'assistance éducative et 58 425 mineurs délinquants étaient jugés.

Les obstacles

Dès son institution, le juge des enfants a dû affronter, puis surmonter, bien des obstacles.

D'abord, et cela n'étonnera personne, une misère inouïe en moyens matériels. Faire tout avec rien, c'était la devise.

Pendant longtemps, je ne disposai pas de la moindre machine à écrire, et mon greffier rédigeait à la main tous les actes d'instruction et leurs copies. La situation restant inchangée malgré mes réclamations, j'effectuai des fouilles dans la salle des pièces à conviction, et je fis main basse — à titre précaire — sur une épave abandonnée, une machine datant de 1920. Rafistolée par des mains habiles, elle rendit pendant quelques années encore de bons et loyaux services.

Les lignes téléphoniques se chevauchaient, des sonneries quasi permanentes inquiétaient mes visiteurs. Ils s'interrompaient, je les incitais à poursuivre. Il fallait expliquer cette anomalie : les confidences n'en étaient pas facilitées !

A tous ces inconvénients s'ajoutait une insuffisance d'institutions et de personnel socio-éducatif.

Cependant s'implantaient çà et là des « centres d'observation », et des « centres d'accueil », où s'instauraient des techniques d'observation, élaborées ou encore rudimentaires.

Ces établissements avaient le mérite de soustraire au dangereux quartier des mineurs des maisons d'arrêt les jeunes délinquants qui ne pouvaient être maintenus dans leur famille pendant la durée de l'enquête.

On formait des éducateurs spécialisés à la faveur de stages qui revêtaient de plus en plus les caractères d'un enseignement étalé sur plusieurs années. Ils étaient immédiatement absorbés par les institutions publiques de l'Éducation surveillée et par des centres éducatifs privés qui, peu à peu, se substituaient aux maisons de correction et de redressement dont le souvenir reste insupportable.

Si les moyens faisaient défaut les bonnes volontés ne manquaient pas.

Le secteur territorial qui m'était dévolu comportait huit cent mille habitants ! Le nord-est de Paris et toute la banlieue est.

En 1945, une seule déléguée permanente à la liberté surveillée, Paulette Randet, pour prendre en charge l'action éducative en milieu ouvert concernant six cents à sept cents mineurs ! Son dévouement et sa capacité exemplaires ne pouvaient y suffire.

Aussi, avait-il bien fallu recruter un nombre important

de délégués « bénévoles » choisis, autant que possible, dans des mouvements de jeunesse, dans le syndicalisme, les milieux de la pédagogie et du travail social.

Vrais agents recruteurs, de mairies en mairies, de communes en communes, de banlieues en banlieues, nous portions la bonne parole pour convaincre les plus enclins à comprendre nos problèmes de nous rejoindre.

C'est ainsi que nous pûmes obtenir un personnel sinon très spécialisé, du moins très « motivé ».

Le bénévolat dans notre pays n'a plus bonne presse, il a un faux air des « œuvres » du temps passé. Cependant il apporte, sous l'égide et le contrôle de professionnels qualifiés, une souplesse, une disponibilité, une humanité qu'il serait bénéfique de rechercher de nos jours dans notre population.

Les premiers délégués bénévoles se réunissaient en sachant faire taire leurs préférences. Venus d'horizons sociaux, idéologiques, professionnels, confessionnels très différents, ils se mettaient sans arrière-pensée au service de la protection de la jeunesse.

A l'origine six juges des enfants « couvraient » toute la population de Paris et du département de la Seine, c'est-à-dire plus de cinq millions d'habitants.

On estime maintenant que la circonscription territoriale d'un magistrat de la jeunesse ne devrait jamais s'étendre à une population de plus de deux cent cinquante mille habitants au maximum. Une trentaine de juges des enfants exercent à présent leurs fonctions dans notre capitale et l'ancien département de la Seine, devenu les Hauts-de-Seine, la Seine-Saint-Denis, le Val-de-Marne.

Les juges puérils

Obstacle de taille en 1945 : l'état d'esprit de la magistrature à l'égard de l'institution nouvelle du juge des enfants.

Un beau procès de propriété, où il fallait éclaircir une situation embrouillée, faire appel à toutes les subtilités dont dispose l'arsenal juridique, paraissait être à la plupart des magistrats chevronnés l'incarnation de la noblesse de la robe.

Prestigieux encore un procès d'assises, manifestation publique de la solennité.

Aussi, que n'ai-je pas entendu ! « Vous êtes sur une voie de garage », « vous vous transformez en assistante sociale », « vous sapez votre carrière »...

Nous n'étions pas les juges des mineurs, mais seulement des juges mineurs.

Il a fallu pas mal d'efforts pour donner aux juges des enfants une bonne image de marque.

Ils trouvèrent de brillants défenseurs dans le monde de la médecine, de l'éducation spécialisée, de la psychologie, parfois dans celui du barreau et parmi les parlementaires.

Les juges des enfants, ainsi aidés, faisaient front sans se désunir.

Les menottes

Ce fut presque une révolution de palais. La presse s'en empara. On en discuta, il y eut des « pour » et des « contre », surtout des « contre ».

C'est entre deux gendarmes — ou deux policiers — menottes aux poignets, qu'en 1946 les adolescents arrivaient dans le cabinet du juge après un long périple dans les couloirs.

Pour instaurer un climat de confiance, d'aide et de protection, obtenir des promesses, ce n'était pas l'entrée en matière rêvée.

Je me décidai un jour à demander que l'on supprimât au cours des transferts intérieurs le port... des bracelets.

Ce ne fut pas sans la plus grande réticence de la part des services de police et de gendarmerie.

On me prédisait les pires catastrophes.

Il n'en fut rien.

Pour certains le port des menottes était stigmatisant, pour d'autres, c'était un honneur. Ils étaient des hommes, des hommes à la redresse, tout prêts à se draper — pour longtemps — dans leur personnage. Au fameux 140 de la rue de Ménilmontant, où se recrutaient les plus durs, sortir entre deux flics avec des menottes, c'était la gloire assurée, la promesse de faire carrière parmi les mauvais garçons.

Des deux côtés, le juge était perdant.

Aussi mes collègues m'appuyèrent-ils. Ensemble nous avons obtenu satisfaction.

A ces magistrats insérés dans la cité, exposés plus que d'autres à la censure publique, on ne pardonne pas la moindre erreur.

Les candidats à occuper ces postes sont nombreux, mais leur préparation à l'exercice de telles fonctions est insuffisante et par là même, ils peuvent parfois encourir la critique.

L'indigence en personnel judiciaire ajoute à cet état de fait une nouvelle difficulté.

Des présidents ont tendance à donner aux juges des enfants, en plus de leur tâche, déjà très absorbante, d'autres attributions.

S'il est bon qu'ils ne soient pas des corps étrangers dans la magistrature et qu'ils participent à l'ensemble de la vie du tribunal, s'il est souhaitable qu'ils acquièrent des compléments de connaissances et une expérience en dehors de leur stricte spécialisation, ils ne sauraient être des « Maître Jacques ».

S'il advient qu'un garde des Sceaux manifeste de l'hostilité aux idées neuves, les partisans du fixisme se mobilisent et l'institution du juge des enfants n'est plus soutenue.

Elle peut aussi recevoir des coups intestins de ceux qui ont des idées si audacieuses qu'elles en deviennent démagogiques ou farfelues.

La courbe de la délinquance des jeunes

Les juges des enfants de l'après-guerre, sans moyens, sans équipement, croyaient à l'avenir de leur fonction. Ils étaient enthousiastes et commençaient à voir la réussite de leurs efforts. La courbe de la délinquance s'infléchit en effet considérablement jusqu'en 1953.

Depuis, elle n'a cessé de reprendre un profil ascendant. En 1946, 28 568 mineurs jugés en France. En 1954, 13 504. En 1975, 58 625 [8].

8. Les garçons délinquants sont neuf fois plus nombreux que les filles délinquantes, tandis que dans le secteur des mineurs en danger (ceux qui relèvent d'une mesure d'assistance éducative) le nombre des filles est sensiblement égal à celui des garçons, situation due à des conduites de fugue, de vagabondage ou de prostitution.

Mais le phénomène ne met nullement en cause l'institution des magistrats de la jeunesse. Bien au contraire, il la rend plus indispensable encore.

Nous sommes plongés dans un monde qui sécrète l'inadaptation. Les adultes ne savent pas encore maîtriser un prodigieux progrès technique. Ils en subissent les retombées et, parmi elles, la délinquance.

Le système institutionnalisé ne peut plus que colmater tant bien que mal quelques brèches, mais d'autres s'ouvrent aussitôt.

Le combat

Il a fallu beaucoup batailler pour faire admettre qu'on pouvait dans un nombre important de cas assurer le traitement éducatif d'un mineur en le laissant dans sa famille.

Il a fallu affronter des levées de bouclier plus rudes encore quand, avec quelques juges et quelques amis, nous avons implanté les premiers foyers de semi-liberté, formule éducative déjà appliquée cependant dans des pays étrangers avec beaucoup de succès.

Nouvelles difficultés pour faire comprendre que c'est bien avant la comparution devant le juge qu'il faut s'occuper des jeunes. On parle maintenant avec considération de la prévention, mais il a fallu l'inventer de toutes pièces! La mise en place d'équipes de rue, de clubs de quartier s'est faite contre les réticences, les dérobades administratives. De tous les côtés ce n'était que fins de non-recevoir.

Trente-deux démarches sanctionnées par des délibérations et des autorisations étaient nécessaires pour ouvrir et financer une institution d'éducation spécialisée, administrée par une association de la loi de 1901 !

Mon ami J. Cotxet d'Andreis, devenu président du tribunal pour enfants de Paris, se heurta lui aussi à des incompréhensions du même ordre quand il voulut introduire les consultations d'orientation éducative. Son obstination se révéla payante.

Malgré tous ces obstacles et peut-être stimulée par eux, l'action des juges des enfants se révélait passionnante.

Promouvoir une justice qui se proposait moins de réprimer et de punir que de protéger et d'éduquer, c'était l'idée-force qui soutenait nos entreprises.

Et le dialogue avec les justiciables, jeunes ou moins jeunes, en garantissait l'efficacité. Comment convaincre? Comment obtenir une adhésion? Comment conserver la confiance en gardant toute son autorité? Les magistrats de la jeunesse découvraient les techniques de l'entretien, jusque-là inconnues des milieux judiciaires.

Le dialogue

Long tête-à-tête avec le jeune, et aussi avec ses parents, dans le cabinet du juge. Dialogue simple, dépouillé d'artifice de langage, authentique, sécurisant, établissant un climat de vérité — le dialogue de la communication, celui qui se garde de tous les poncifs si répandus dans d'autres enceintes de la justice.

C'est en obtenant l'adhésion du jeune, on peut l'affirmer, que la réussite trois fois sur quatre sera durable. Mais trop débonnaire, trop bon enfant, le juge perdrait vite son crédit. C'est sur ce fil étroit qu'il travaille sans filet.

L'acceptation de la mesure décidée rendra plus aisée la tâche des éducateurs et des travailleurs sociaux, tandis qu'une famille opposante peut facilement compromettre l'action poursuivie.

Parents et enfants doivent avoir compris en sortant du cabinet du juge que le magistrat n'est pas un adversaire, et que, bien au contraire, il est animé de la volonté d'œuvrer dans l'intérêt de la famille, qui est aussi celui de la société. Alors la partie sera à moitié gagnée. A moitié seulement. Un soutien vigilant pendant toute la durée du traitement devra compléter l'action des équipes éducatives qui vont alors entrer en jeu.

Et si les premiers dialogues entre le juge et ses jeunes justiciables sont restés stériles, il n'est pas rare que des éducateurs de qualité, prenant la relève, réussissent où le magistrat a échoué.

Le juge peut cependant trouver des atouts inattendus pour l'amener au succès.

J'avais dû placer dans trois institutions différentes de la région parisienne les trois filles de Mme Z.

Ivrognesse notoire, elle vivait dans un taudis sordide, et ses filles s'étaient jusque-là complu dans la plus parfaite oisiveté, qui les dirigeait à coup sûr vers les chemins de la prostitution.

Voyant entrer leur mère dans mon cabinet, je me demandai à quel foyer d'adolescentes les confier plus tard. Le retour au logis me paraissait plein de dangers.

— Hier, je suis allée voir Thérèse.

Je la félicitai, un peu réservé; son amour maternel ne s'était guère révélé jusque-là. Je pris des nouvelles. Elles étaient bonnes. Thérèse « se plaisait bien ».

Sans conviction je l'invitai à aller voir aussi Solange, et le dimanche suivant Michelle.

A mon grand étonnement elle s'exécuta.

Chaque lundi elle venait me rendre compte et me demandait régulièrement :

— Quand vous me les rendrez, mes filles, monsieur le juge?...

Il n'en était pas question.

Mais cette assiduité me toucha, et je finis par lui dire : « Je verrai ça quand à la place des cartons vous mettrez des carreaux à vos fenêtres ». Et j'ajoutai, bourru et sans illusions : « Et si vous vous tenez plus propre... et si vous buvez moins. »

Le manège dura des mois. Chaque lundi, j'avais sa visite. Je disposais de peu de temps à lui consacrer. Mais petit à petit je pris intérêt à ses propos, elle me parut en somme être une brave femme. Ce qu'elle me disait de ses filles était confirmé par les rapports des assistantes sociales. Elle me semblait moins souillon, moins avinée.

Je la recevais le plus souvent en fin d'après-midi.

Mon greffier m'apprit qu'elle était là dès treize heures. Elle tricotait toujours le même ouvrage informe et bavardait dans la salle d'attente avec les personnes convoquées.

Un certain lundi où j'accueillais un père déjà classé dans la catégorie des peu coopérants, et même des récalcitrants, à ma surprise il se montra raisonnable et il fut possible de prendre ensemble une décision pour son fils.

A la porte où je le reconduisais, il m'avoua : « C'est une dame qui m'a parlé, elle m'a dit qu'elle vous connaissait bien et qu'on pouvait avoir confiance en vous. »

Je reconnus là les appréciations trop flatteuses de Mme Z.

Aussi — c'était trop tentant — je me mis à convoquer le lundi les parents ombrageux. Mme Z, tout l'après-midi, en maniant ses aiguilles, tenait sa conférence et se portait garant de la pertinence de mes décisions!

Chère Mme Z, je suis sûr qu'elle a facilité bien des entretiens qui s'annonçaient délicats!

Et si le lecteur veut connaître la fin de cette histoire, il aura droit au plus édifiant des épilogues. Mme Z — bien assistée il est vrai — remplit son contrat. Quand elle put travailler — et quand des carreaux ornèrent ses fenêtres — je lui rendis l'une après l'autre ses filles, nanties d'un métier.

Hector Malot n'eût pu trouver sujet plus exemplaire.

La confiance

Le juge des enfants? — ni démagogue ni père fouettard, mais le ferme soutien qui jusque-là a manqué.

Si j'avais pu conserver quelques doutes lorsque je travaillais « sur le tas », c'est plus tard, quand mes jeunes « clients » furent devenus adultes et qu'ils continuèrent à me manifester leur attachement que je fus assuré d'avoir eu raison.

Tant de drames, tant d'épisodes cocasses ou attendrissants se sont déroulés devant moi.

Depuis ce garçon de douze ans, très difficile, bien sûr, considéré par ses parents comme la honte de la famille et qui allait être noyé — oui, noyé —, sauvé de justesse grâce à la perspicacité d'une assistante sociale qui put me signaler à temps les préparatifs.

En passant par cette jeune fugueuse, retrouvée à la foire du Trône où, couchée dans une cage de verre, elle présentait des reptiles, un boa enroulé autour du cou.

— Le métier n'est pas mauvais, me disait-elle, sauf le mercredi.

— Pourquoi?

— Ce jour-là ils commencent à avoir faim. C'est le jeudi qu'on leur donne à manger.

Et le garçon insolent et buté aux mille dangereuses excentricités, en rupture de ban avec le lycée, pseudo-existentialiste, qui lardait son réveil de coups de couteau — « Il faut tuer le temps » — et qui put reprendre ses études après quelques jours d'isolement et quelques heures d'explications.

Et bien d'autres que j'ai revus dix ans, quinze ans plus tard, mariés, pères de famille, dans la plus complète réussite sociale.

Ils avaient comparu devant moi pour des actes tout à fait répréhensibles, mais qui restèrent sans récidive avec une aide appropriée.

Que leur avait-il manqué? Peut-être un geste, peut-être un mot décisif au moment opportun.

Je vois bien comment certains vont interpréter ces propos, et j'imagine ces pages barrées à l'encre rouge du mot « paternalisme ».

Eh bien non! en présence de ces adolescents qui avaient souffert avant tout d'une carence familiale, c'est le mot « parents » qui me venait à l'esprit... Parents absents..., copains..., falots..., indifférents.

Mais un tableau résolument optimiste donnerait à lui seul une bien fausse idée de l'ensemble des résultats.

A côté des réussites, les plus nombreuses il est vrai, des échecs tristement ressentis.

La grisaille

V. à seize ans était un grand gaillard solidement charpenté. Suivant l'exemple de ses frères aînés, bien connus de la police, il s'exerçait déjà à la cambriole.

J'avais eu plusieurs occasions de le « recevoir »! Nos rapports étaient quelquefois harmonieux, mais devant une nouvelle récidive j'avais dû l'éloigner de Paris et le placer dans une Institution publique d'éducation surveillée (I.P.E.S.).

A quelque temps de là, il débarqua dans mon cabinet, présentant ostensiblement ses mains : elles étaient tatouées, il les cachait quand nous étions en bons termes.

Il venait de « faire la malle », comme il me l'annonça sans détour.

Avec un canif il s'était entaillé le ventre pour aller à l'infirmerie. A peine recousu, il avait brûlé la politesse aux médecins.

Je l'invitai à rejoindre sans délai l'I.P.E.S.

— Si vous m'obligez à retourner dans cette boîte, je vous jure que j'en bute un.

— De qui veux-tu parler?

— De ceux qu'on appelle des éducateurs. C'est des gens qui sont sur notre dos toute la journée.

Désirant sauvegarder l'intégrité physique des éducateurs, je décidai de le garder à Paris sous un régime de solide liberté surveillée, une liberté surveillée vigilante et compréhensive.

Je fis appel à un jeune ménage, les S., des gens de grande qualité, clairvoyants et dévoués. Ils lui procurèrent un emploi, un gîte et le reçurent chaque semaine.

Tout alla bien pendant plusieurs mois.

Un jour où il se rendait chez eux, en bordure du parc Montsouris, très régence, un bouquet à la main, il est contrôlé par des policiers.

Ses déclarations, sans doute un peu abruptes, parurent suspectes et, à l'énoncé de son nom, célèbre dans les commissariats par la grâce de ses frères, il est hissé sans douceur dans le car de police.

Accablé par tant d'injustice, il tend tristement au brigadier le bouquet qu'il destinait à Mme S. : « Prenez-le, maintenant il est bon pour un monument aux morts. »

L'incident est aplani et on reprend le parcours, semé d'obstacles. Tout alla encore à peu près bien jusqu'à un certain soir où, dans le métro, il crut remarquer qu'un voyageur le regardait d'un mauvais œil. Il l'invite à descendre et sans explication supplémentaire le courbe sur son genou, et le malheureux est sur-le-champ dépossédé de sa prothèse dentaire, qui atterrit sur la voie.

Voilà encore V. sur la sellette.

Cette fois il a dix-huit ans : c'est la correctionnelle.

Au vu du rapport du psychiatre, et surtout grâce à la déclaration des époux S., qui s'engagent à continuer leur tutelle, il bénéficie de l'indulgence du tribunal.

Le temps paraît alors au beau fixe. Il travaille avec assiduité et se met en ménage avec une jeune femme. Ils ont un enfant. C'est la joie. V. veut un baptême somptueux. Il économise pour faire face aux dépenses de la fête. Les époux S. sont parrain et marraine. Sollicités avec la plus grande insistance, ma femme et moi assistons à la cérémonie et au déjeuner. Ce fut un moment euphorique. Le ciel restait clair.

Mais les nuages s'amoncelèrent et le jour arriva où la

jeune femme ne put continuer à supporter le caractère tourmenté, irascible et violent de son compagnon.

Une nuit, de peur qu'on n'éloigne de lui le bébé, il l'emmena.

Démarches, recherches, tout était à recommencer. On le retrouva à Pigalle. Assis entre un sac et une valise. Dans le sac, des boîtes de lait condensé, dans la valise, soigneusement percée de trous, sa petite fille, qu'il adorait.

Arrêtons là l'odyssée de V. Sa vie fut un roman gris, sinon noir.

Les risques

La relation de confiance, levier de travail du juge des enfants, ne se déroule pas toujours dans la sérénité. Les risques existent.

Le succès n'est pas forcément au bout du chemin...

L'entretien débutait souvent dans un climat de méfiance. Visage fermé, regard hostile, on ne pouvait qu'augurer mal du résultat de l'entrevue. Mais quand, après un laborieux prologue, le jeune arrivait à s'exprimer, quand la glace était rompue et que nous en étions aux projets et aux promesses, il me paraissait dérisoire de lui annoncer qu'il allait être amené sous bonne garde dans un centre d'accueil ou d'observation, où sa liberté serait singulièrement limitée pendant quelques semaines.

Avec une certaine appréhension cependant, j'en étais arrivé à proposer : « Voici des tickets de métro et d'autobus, tu te rendras seul au Centre — et je te donne rendez-vous dans quatre semaines ici même. »

C'était magique.

Cependant ce risque — calculé — subit un jour un sérieux accroc.

Le garçon, rigoureusement sincère, avait pris les tickets et m'avait affirmé : « D'accord, j'y vais. »

La malchance voulut qu'à la sortie du palais il rencontrât un copain qui le détourna du chemin de Savigny-sur-Orge, but de son voyage.

Dans la nuit, les deux lascars s'introduisirent dans une crémerie, fracturèrent le tiroir-caisse et, surpris par la commerçante, affolés, ils lui assenèrent un coup sur la tête, sans trop de dégâts heureusement.

Si cette pauvre femme avait été assommée, aurais-je dû changer de méthode?

1945-1960

La misère dans les grandes cités et les banlieues industrielles, un niveau économique général particulièrement bas, les taudis, les hôtels meublés, la médiocrité des logements, furent les explications que l'on a données longtemps à la délinquance des jeunes. L'ivrognerie — du père surtout — ou une sorte d'imprégnation alcoolique familiale favorisaient, elles aussi, cette délinquance... La dissociation parentale, qui amenait les enfants, privés de direction éducative, à être livrés à eux-mêmes, était naturellement prise en compte.

Mais il a bien fallu pousser plus loin l'analyse des facteurs psychologiques, et admettre que, frustrés dans leurs besoins essentiels, besoin d'amour, besoin de sécurité matérielle ou morale, besoin aussi d'acquérir leur propre identité, bien des jeunes réagissaient par des conduites porteuses des prémices de la délinquance : opposition, agressivité ou fugues.

Jusqu'en 1956, année où je quittai le tribunal pour enfants de Paris, j'avais eu à m'occuper de milliers d'adolescents.

J'avais rencontré ceux qui avaient été mal aimés, ceux qui n'avaient pu s'identifier au père, ou avaient subi son despotisme, ceux qui s'étaient sentis insécurisés dans leur famille. Ils avaient souffert de frustrations et en avaient été perturbés. Leur nombre était élevé. La situation s'aggravait quand, après leurs premiers méfaits, ils avaient été rejetés par leur environnement. Ils ressentaient douloureusement leur condition d'exclus. A partir de là, tout était à redouter.

Adler, Kate Friedlander, Lagache et d'autres psychanalystes, explorant l'affectivité dans une perspective dynamique, ont apporté une collaboration remarquable à l'étude de la délinquance juvénile.

Cependant des magistrats affirmaient encore qu'il n'était point besoin de remonter le cours d'une enfance pour expliquer des comportements de délinquance, que les « mauvais penchants », le mauvais exemple à eux seuls y suffisaient.

La magistrature a ses béotiens.

L'éducation spécialisée

Dans les institutions, dans les foyers de semi-liberté, en milieu ouvert, les éducateurs dispensent leur dévouement, ne marchandent pas leur peine et mènent des actions bénéfiques en créant d'abord une authentique relation affective entre eux et les mineurs dont ils prennent la charge.

Il importe de saisir le jeune par l'intérieur, de mobiliser les forces qu'il porte en lui, de le conduire à des options personnelles. Isolés, le conditionnement et le dressage ne mènent pas très loin dans la voie d'une véritable rééducation.

Pour des garçons et des filles qui éprouvent déjà un sentiment d'injustice et de rejet — justifié ou non —, il est avant tout nécessaire de les libérer de leurs contradictions, de les réconcilier avec eux-mêmes et avec autrui. C'est la mission complexe de l'éducateur; de sa réussite dépend l'épanouissement d'une personnalité.

Ma femme et moi prenons encore aujourd'hui le chemin d'un foyer de semi-liberté, le Centre familial de jeunes de Vitry-sur-Seine. Bon nombre d'adolescents, depuis plus de vingt ans, se sont vu dispenser la richesse intérieure, l'imagination, l'affection, la connaissance presque intuitive de leurs problèmes par le directeur, Jo Finder, et son équipe.

Le docteur B. Zeiller a consacré sa thèse de médecine à une étude scientifique des garçons qui ont séjourné au foyer de Vitry.

L'anamnèse des cas, l'analyse de leur évolution, l'enquête catamnésique constituent les éléments essentiels de l'étude.

Les résultats constatés avec la plus grande rigueur sont nettement favorables. Ils sont excellents ou bons pour 72 % [9], médiocres ou mauvais pour 13 %.

Une évaluation est impossible pour 15 % à défaut de renseignements complets.

9. Excellents 50 %, bons 22 %.

Cependant si, pour apprécier les résultats, on s'en était tenu à la seule vérification des casiers judiciaires (méthode simple mais bien insuffisante), on aurait constaté que 80 % des mineurs ayant séjourné à Vitry pendant plus de six mois n'avaient jamais récidivé à la suite de leur sortie du foyer [10].

Une nouvelle génération de mineurs délinquants

Une nouvelle génération de jeunes délinquants est apparue depuis 1960.

Ils accusent beaucoup plus souvent que par le passé des troubles névrotiques et un déséquilibre flagrant.

Certains ressemblent à leurs aînés. Les délits qu'ils commettent sont de même nature, vols, vandalisme, violences, inspirés par les mêmes motivations. Les problèmes qu'ils posent sont très voisins. La situation est maintenant aggravée par un chômage endémique, plaie de l'économie actuelle, qui engendre l'oisiveté permanente.

Mais il est une délinquance dont les formes et les motivations étaient à peu près inconnues, il y a une vingtaine d'années.

Elle surgit dans les pays ayant atteint un haut degré de progrès technique, qui n'ont su, ni pu, ni voulu préparer les hommes à le maîtriser moralement.

Elle est inquiétante. Elle atteint des jeunes qui proviennent de toutes les catégories sociales. La bourgeoisie n'est pas plus épargnée que le prolétariat, le

10. A partir de cette enquête, le Dr Zeiller, le Dr Tomkiewicz et Jo Finder ont écrit un ouvrage : *Un foyer de semi-liberté*, aux Éditions médicales et universitaires (1975).

monde du travail intellectuel pas plus que celui du travail manuel.

Cette nouvelle délinquance est celle des jeunes marginaux. D'où viennent-ils? Quel est leur environnement social et culturel? Foyers disloqués et familles dissociées.

Parents soumis à de dures contraintes de travail, trop longtemps éloignés de la maison aux heures où l'enfant aurait besoin de leur présence, et surtout de la présence de la mère.

Parents lointains, auxquels il ne peut s'identifier. Il ne se reconnaît pas plus en eux qu'ils ne se reconnaissent en lui. Le dialogue est inexistant, le manque de communication total.

Parents rivés chaque soir au poste de télévision, tandis que les plus de dix ans traînent dans les escaliers du grand ensemble, chapardant, dégradant, brisant les clôtures, enfonçant les portes des caves.

Parents si permissifs qu'ils n'ont plus le courage de s'opposer aux exigences les plus extravagantes et si peu attentifs à l'évolution de leurs enfants qu'ils ne cherchent même pas à les comprendre.

Et cependant tous ces parents les aiment — à leur manière — mais ils se sentent tout à coup éloignés d'eux. Ils en souffrent et maladroitement ils extériorisent leur affection par des cadeaux, par de l'argent — trop d'argent —, ils tentent de combler l'absence, l'inexplicable distance, en concédant plus de liberté, en surgratifiant de manière incohérente.

Sans soutien dans le milieu familial, les enfants rejoignent vite les queues de classe. Ils exècrent l'école, et l'école les rejette. Ils forment alors des bandes et tentent de remplir leur solitude, de compenser les frustrations de toutes sortes. Les voici prêts aux « quatre cents coups ».

Le quartier, l'épicier, le crémier, la tenancière du kiosque à journaux — et tous les autres — les prennent en grippe, c'est fatal.

Les contrôles de la police, bien qu'indispensables — mais presque permanents —, les exaspèrent et aggravent leur hostilité. C'est la quadrature du cercle.

Le voisinage et les policiers les voient revenir après une « absence [11] » de quelques semaines ou de quelques mois.

Ils s'en irritent, sans se rendre compte que parmi eux certains font l'objet d'une surveillance éducative exercée par des éducateurs spécialisés, sous le contrôle du juge des enfants. Le magistrat a estimé pouvoir décider une remise à la famille, assortie de conditions précises. La réussite de cette action exige d'être bien conduite et de rester discrète. Sinon, rejeté de toutes parts, l'adolescent se fige dans son personnage de mauvais garçon.

Autour des jeunes marginaux c'est l'anonymat des grandes cités, anonymat plus accablant encore et plus significatif du « vide social » lorsque la famille partage avec beaucoup d'autres la vie d'un grand ensemble de banlieue, mal implanté, mal construit, mal fait pour la satisfaction des besoins sociaux, un univers de béton et de terrains vagues.

Le manque de communication est complet en dehors de la bande de copains. Mais, repliée sur elle-même, elle ne procure à ses membres aucune ouverture sur le monde.

Sollicité à tout instant par les étalages, les présentoirs des grandes surfaces, matraqué par une publicité tapa-

11. Absence qui s'explique soit par une mesure de placement provisoire du mineur dans un centre d'accueil, soit plus exceptionnellement par une détention provisoire.

geuse provoquant son désir de devenir un consommateur à part entière, le jeune vole. Dans la société de convoitise qui est la nôtre, n'ayant acquis aucun contrôle sur lui-même, ni dans sa famille ni ailleurs, il est livré à ses pulsions. Le voici à la dérive.

Inadapté en raison de sa médiocrité scolaire et de son instabilité pathologique, il échoue dans ses tentatives successives de travail et ne parvient pas à se soumettre aux contraintes de l'école ou du métier. Son salaire, qui ne lui permet pas de satisfaire ses besoins, réels ou créés par d'habiles suggestions, lui paraît toujours insuffisant; il sait bien qu'un casse banal, s'il est réussi, lui procurera un gain supérieur à plusieurs mois de travail.

Les normes des morales traditionnelles craquent de toute part, sans être remplacées, et c'est une nouvelle cause d'insécurité qui s'ajoute à toutes les autres.

Enfin, qui ne constate que l'adolescent reçoit chaque jour une dose massive de messages de violence? Ils lui parviennent par la presse, la radio, le petit et le grand écran, sous forme de magazines, d'informations et de films.

Il se trouve plongé dans un environnement de lectures, et encore plus d'images, où les crimes, les agressions, les tortures, les kidnappings, les prises d'otages, les viols, les vols à main armée se bousculent à qui mieux mieux. Sa sensibilité ne peut qu'en être dangereusement émoussée.

Devant tant de cruauté et de sadisme, les plus forts des adolescents parviennent à résister. Mais les plus fragiles — de plus en plus nombreux — en sont imprégnés. Ils finissent par ne plus faire la différence entre la vie réelle et le monde de violence que les *media* leur présentent à longueur de journées et de nuits.

Une recherche effectuée aux États-Unis [12] a révélé qu'à dix-huit ans l'Américain moyen avait été le télé-spectateur de dix-huit mille meurtres, et qu'il était resté quinze mille heures devant son poste de télévision. Aussi ne faut-il pas s'étonner si des adolescents vulnérables à un tel climat de violence se mettent à passer à l'acte et s'il arrive qu'ils exécutent leur forfait avec une dureté qui exprime un cynisme né d'une sensibilité complètement dégradée.

Sous le poids de tant de facteurs, familiaux, sociaux, culturels, et s'il n'a pas la « chance » d'être pris en charge par la justice des mineurs et d'être aidé par des éducateurs de qualité, le jeune s'effondre moralement. Nulle part il ne découvre un point d'amarre.

Il débouche sur la délinquance, comme il peut déboucher sur la drogue, sombrer dans des attitudes suicidaires, s'adonner à la boisson [13] ou vivre dans le dérèglement d'un état d'exaspération sexuelle. Tous les « médiateurs » ont cédé...

Sa délinquance est réactionnelle, il l'assume comme une opposition à la société. Il se convainc de l'avoir choisie. Il lui arrive de la colorer d'une idéologie anarchisante. Se considérant comme frustré, exploité, il dénonce un monde hostile.

En bande, dans le vol, le vandalisme, la violence, le bruit, le vrombissement des motos, une exaltation mutuelle l'entraîne vers la fête destructrice et justicière. C'est la soif de jouissance dans l'immédiateté.

12. Recherche effectuée par George Gerbner de l'Université de Pennsylvanie, citée par Léo Michel dans *le Point* du 11 octobre 1977.

13. Le rapport sur la drogue présenté par Mme Monique Pelletier, fin 1977, fait état d'une remontée spectaculaire de l'intoxication alcoolique chez les jeunes.

Crise de croissance

Le rôle du juge des enfants est actuellement l'objet de contestations totalement contradictoires.

Elles s'élèvent au sein de certaines administrations qui ne rêvent que planification et technocratie.

Elles sont le fait de ceux qui ne voudraient voir dans l'intervention du juge des enfants qu'étiquetage et stigmatisation.

Elles proviennent de magistrats qui, au contraire, restent nostalgiques de l'époque où l'on pouvait éliminer dans des maisons de correction jusqu'à leur majorité les jeunes « voyous » sans se préoccuper de la suite.

Toutes ces critiques sont si peu nuancées qu'elles perdent toute pertinence.

L'institution du magistrat de la jeunesse constitue un rouage essentiel, indispensable, de l'organisation judiciaire. Mais on ne se dirige pas vers une justice nouvelle sans heurts et sans remous.

Parmi ceux qui restent à l'écart de ces courants, certains rejoignent l'opinion publique, qui entend bien que la justice se modifie dans ses formes et dans ses procédures, mais n'entrevoit pas pourquoi elle doit se transformer aussi dans son esprit et mettre en cause certaines de ses finalités.

Que souhaite l'opinion?

Que les jeunes délinquants soient plus sévèrement « punis », c'est-à-dire qu'ils soient plus souvent enfermés, et pour plus longtemps.

Sa position s'explique.

Elle est traumatisée et « insécurisée » par le nombre et la gravité des faits délictueux commis par des adolescents.

Pour elle, la prison c'est le châtiment type qui doit être infligé en expiation de la faute, et elle désire que la faute soit suivie d'une expiation proportionnée au retentissement affectif qu'a eu sur elle le délit.

Pour elle, la peine de prison c'est aussi l'exemplarité assurée, à condition qu'elle soit suffisamment longue.

On ne peut négliger ces considérations.

Mais l'opinion publique ne voit pas les causes de la délinquance. Elle se trouve dans la situation d'un médecin qui, devant le cas d'un malade diabétique, se contenterait de couper un membre atteint de gangrène sans soigner la maladie. Et quand elle accuse le juge de faiblesse, elle est dans l'erreur. Le taux de la détention provisoire et des peines fermes d'emprisonnement pour les mineurs de seize à dix-huit ans a *quadruplé* en quinze ans.

Et c'est indiscutablement pour donner satisfaction à cette opinion publique — si mal informée — que certains parquets, abusant d'une faculté que leur confère la loi, saisissent le juge d'instruction plutôt que le juge des enfants.

Le nombre des détentions provisoires prononcées s'en trouve multiplié et, par voie de conséquence, celui des peines fermes d'emprisonnement.

Mais, question cruciale qu'il faut poser devant l'opinion, faut-il accepter le risque très important que les mineurs détenus récidivent et ce, dans une très forte proportion dès qu'ils sortent de prison, au bout de six mois, un an, cinq ans, et parfois à l'expiration d'un délai plus long?

Sans doute, ils ont été « neutralisés » pendant le temps de leur enfermement, mais j'ose dire qu'il y a les plus grandes chances qu'ils soient définitivement perdus, que leurs possibilités de réinsertion dans la communauté se soient annihilées, et même qu'ils deviennent hautement dangereux.

Je ne vois pas qui, ayant réellement étudié les facteurs et les mécanismes de la délinquance juvénile, pourrait se satisfaire d'une telle situation.

Tout est à reprendre par la base dans les équipements socio-éducatifs, allant de l'éducation en milieu ouvert à celle en institutions. Des équipements mieux adaptés, des services et institutions plus variés et plus souples, des passerelles aménagées pour passer aisément d'une forme d'action éducative à une autre sont indispensables, ainsi qu'une meilleure formation des juges des enfants, qui devraient pouvoir, avant de voler de leurs propres ailes, bénéficier de l'expérience de magistrats chevronnés.

En bref, et je ne saurais que me répéter, le prononcé d'une peine ferme d'emprisonnement à l'égard d'un mineur doit rester exceptionnel, réservé à des cas très graves ou à des jeunes délinquants particulièrement dangereux. La primauté revient à la prévention, à la protection et à l'éducation.

C'est ce qu'a voulu le législateur de 1945. On ne saurait accepter que l'esprit de la loi soit détourné et que la répression prenne le pas sur un système protecteur et éducatif.

Le juge des enfants n'accomplit pleinement sa mission que s'il peut placer toute sa confiance dans l'action d'éducateurs spécialisés.

Sans conteste, l'action éducative à mener à l'égard des jeunes marginaux d'aujourd'hui présente plus de difficultés qu'autrefois.

Pendant longtemps les adolescents ont donné l'impression de subir leur délinquance. Il en résultait l'espoir qu'on pouvait assez facilement les en libérer.

Depuis quelques années, ils entendent « s'exprimer » par elle. Par leurs actes, ils signifient leur refus de s'insérer dans les structures sociales. Ils « optent » pour la délinquance.

Il faut donc savoir écouter leurs arguties pseudo-justificatives pour pouvoir leur opposer une dialectique, ce à quoi ils sont sensibles. Ce débat reste, bien sûr, élémentaire. Mais, avant tout, par ce dialogue consenti, il faut les sortir de leur marasme, les délivrer de leurs tourments.

Il y a peu de temps, j'ai reçu d'un jeune garçon la confidence qu'il n'avait pas eu de conversation avec un adulte depuis deux ans!

Encore qu'il ne soit pas toujours commode de trouver les chemins de la communication, bien des éducateurs réussissent dans cette tâche.

Ils ont été formés à des techniques d'entretien qui leur permettent de franchir les barrages bloquant un dialogue. Mais là ne s'arrête pas leur travail.

Ils ont pour mission de mener une action éducative à l'égard des jeunes qu'ils prennent en charge, c'est-à-dire de leur permettre de s'équilibrer dans la communauté où ils vont vivre, sans être conditionnés comme des robots, mais conscients de leur propre personnalité.

Actions pleines d'embûches

Aux avant-postes du travail social, face aux innombrables défectuosités de notre société, cette situation les expose, s'ils sont insuffisamment formés, insuffisamment expérimentés, à se projeter dans le rêve d'un monde idéal et utopique où les adolescents trouveraient aisément leur place, où les chances seraient rigoureusement égales pour tous, où les structures socio-économiques seraient dépouillées de toute agressivité.

Devant ces déviants, si mal lotis, dont la vie paraît brisée avant qu'elle ait commencé, ils sont alors guettés par la tentation, tout en les libérant de leurs angoisses viscérales, de les laisser installés dans leur marginalité.

D'autres éducateurs, s'ils sont eux-mêmes immatures, risquent de s'abandonner aux facilités et aux séductions d'une conception toute permissive de l'action éducative.

Leur tâche quotidienne se doit d'être secourable et constructive. Le plongeur qui veut sauver celui qui se noie ne différera pas son geste parce que l'eau est polluée.

Si l'esprit de l'ordonnance du 2 février 1945 ne doit pas être altéré, il faut bien prendre conscience que ce texte a maintenant plus de trente ans d'âge : il serait souhaitable de le modifier et de l'adapter. D'une façon plus large, ce sont les règles de la protection judiciaire des jeunes (mineurs délinquants et aussi mineurs en danger) qu'il y a lieu de rénover.

A cette tâche s'est attelée, en 1975 et 1976, une commission présidée par Jean Costa, président de chambre à la Cour de cassation. Elle a fourni un travail important, qui permettrait à la législation d'être mieux adaptée à l'évolution des idées de la dernière décennie, et l'on peut souhaiter que ses propositions soient prises en considération par le gouvernement et par le Parlement [14].

Comme je n'ai cessé de m'intéresser au mouvement international de la pensée dans le vaste secteur de la protection des jeunes, j'ai pu constater que la pratique judiciaire française avait inspiré bon nombre de nations.

Mais en même temps j'ai observé avec tristesse que dans notre pays des expériences ont tourné court, s'étant heurtées aux pires difficultés administratives et bureaucratiques, à un esprit de chapelle et à de multiples sectarismes de tous poils. Si l'enfantement de prototypes a pu se réaliser, on en est resté là trop souvent, alors que seule une politique globale serait efficace.

C'est pour toutes ces raisons que j'ai longuement témoigné, à partir de mon expérience de juge des enfants, des risques que court une société lorsqu'elle ne prend pas en charge les problèmes fondamentaux des adolescents marginaux. Celui de la prévention de la délinquance des jeunes est des plus urgents et des plus graves.

14. Parmi les propositions les plus typiques de la commission Costa, notons la suppression de toute incarcération (détention provisoire et peine d'emprisonnement) pour les mineurs de moins de seize ans, et la saisine obligatoire du juge des enfants pour tout crime ou délit commis par un mineur. Cette dernière proposition, si elle est retenue, devra entraîner une augmentation du nombre des juges des enfants, mais elle aura pour résultat de les rétablir dans leur vocation naturelle.

CHAPITRE IX

LES JUGES DEVANT LES DÉLINQUANTS,

CASSEURS, MARGINAUX, TRUANDS, COLS BLANCS ET AUTRES

Une justice archaïque

J'ai quitté le tribunal pour enfants de Paris en 1956; en l'état des structures judiciaires de l'époque, il n'était guère possible d'effectuer toute une carrière dans la juridiction des mineurs. La situation reste d'ailleurs à peu près inchangée.

J'ai alors pendant deux ans, toujours à Paris, présidé une chambre correctionnelle, la 16e.

La « correctionnelle » demeure le vestige d'une justice archaïque. Je m'étais permis d'écrire, il y a bien longtemps, qu'elle n'était pas sortie du néolithique. Le mot a été souvent repris.

Il est vrai que l'expérience passionnante que je venais de vivre dans les fonctions de juge des enfants m'avait rendu exigeant. J'admettais mal que l'on jugeât encore un être humain sans tenter de connaître sa personnalité, garantie fondamentale d'une justice différenciée.

En correctionnelle, on juge plus des actes que des personnes. Pour devenir une institution réellement contemporaine, la justice pénale a encore un long trajet à parcourir.

Il n'est pas question, dans mon esprit, de transposer aux adultes les apports de l'expérience acquise dans la juridiction des mineurs. Il me paraît seulement souhaitable de s'inspirer des tendances fondamentales et des techniques qui s'y sont fait jour.

Une prochaine réforme de la partie générale du Code pénal est annoncée. Une commission de révision a déjà déposé un avant-projet. On peut donc raisonnablement espérer que de meilleures règles pourront entrer prochainement en application.

Encore faudrait-il susciter, dans le même temps, une évolution dans la pensée de ceux des magistrats qui vivent toujours sur les enseignements dogmatiques et catégoriques que leur dispensaient les facultés de droit d'avant-guerre. Ils ont gardé l'empreinte de leurs études, aggravée par le « fixisme » qui hantait bon nombre de leurs anciens.

Naturellement si, pour une meilleure justice pénale, un renouveau s'impose, il ne saurait être radical. La magistrature y perdrait ses racines et s'exposerait à être balayée par toutes les bourrasques idéologiques venues de l'Est, de l'Ouest ou d'ailleurs. Ce n'est pas toujours commode de se tenir droit lorsque le vent souffle en tempête.

La correctionnelle

Puisque la justice se rend sous le regard du peuple souverain, pénétrons dans une chambre correctionnelle.

Des prévenus en état de détention provisoire s'alignent en brochette dans le box. Résignés, ils attendent l'appel de leur affaire.

Habitués du rituel, ils paraissent bien conformistes.

A l'un, le président : — Ne regrettez-vous pas votre acte?

— Si, mon président.

A l'autre, le président : — Votre coup de poing aurait pu le rendre borgne.

— C'est bien vrai, mon président, mais c'était plus fort que moi.

A un autre, le président : — Aller faire un tiroir-caisse quand on a une femme et deux enfants, vous n'avez pas honte?

— J'ai honte, monsieur le président.

La révolte apparente est rare.

Voleurs à la tire, apprentis truands, pilleurs de voitures, bagarreurs de bals et de bistrots, c'est le tout-venant du box des accusés.

La fatalité de leur comparution un jour ou l'autre, sans qu'ils se l'expliquent vraiment, elle était dans la ligne de leur existence de « paumés ».

Des prévenus, libres eux, ayant à répondre de délits de la circulation, mêlés à des auteurs de larcins, d'indélicatesses, de menaces, d'outrages à agents de la force publique, d'émission de chèques sans provision, sont là, un peu contractés. Tous convoqués à 12 h 45, ils attendent souvent longtemps.

Ils finissent par se détendre et s'intéresser au spectacle, même par s'associer aux rires que provoquent les bons mots du président. Ils s'esclaffent aux bourdes des témoins ou des détenus. Il leur arrive d'être si passionnés qu'ils oublient de répondre à l'appel de leur nom, enfin aboyé par l'huissier.

Les avocats aussi attendent, allant, venant vers leurs

clients angoissés, calmant l'impatient ou l'instable. Vrais infirmiers en blouse noire d'un monde claudicant, ils s'agitent et leurs larges manches soulèvent un souffle d'interrogations et d'espoirs.

Le public est tassé au fond de la salle, assis, et surtout debout. Sauf pour les « grandes affaires », un public de fidèles. Longtemps composé — surtout l'hiver — de demi-clochards, clients de la péniche de l'Armée du Salut, évoluant du carreau des Halles aux ponts de la Seine, ils sont maintenant rejoints et presque remplacés par des retraités modestes et quelques désœuvrés.

Un public de connaisseurs.

Les décisions du tribunal sont accueillies par des murmures d'approbation ou stigmatisées par des « bruits divers », vite stoppés par la clochette du président et la menace de faire évacuer la salle.

Sévérité et indulgence ont leurs partisans. Les présidents d'audience comptent des supporters et des détracteurs. Les réputations se font et se défont rapidement. Des conseilleurs bénévoles suggèrent les meilleures façons d'obtenir la clémence, supputent les chances, glissent à l'oreille le nom d'un président fameux par ses reparties. Tout un petit monde médiocre et bavard. Animé du désir d'intervenir, de se montrer bien informé, de se donner de l'importance, il anticipe sur la décision du juge.

A la correctionnelle, la balance de la justice a des plateaux bien mobiles. Sur l'un le poids du délit, sur l'autre le poids de la peine. C'est à une pesée que l'on assiste. Pour le procureur, les poids sont lourds. L'avocat travaille à les alléger.

Le condamné est assez d'accord sur cette forme de

justice. « J'ai payé », dira-t-il plus tard. Il souhaite seulement ne pas payer trop cher.

Sauf dans les procès d'importance, et sauf les cas où la culpabilité du prévenu est susceptible d'être discutée, en fait ou en droit, le débat entre défense et accusation évoque un marchandage. Le mécanisme est bien fait pour satisfaire autant un esprit simple et primitif qu'un esprit seulement inspiré par la logique.

Et le long chapelet des peines de prison et des peines d'amendes s'égrène.

Mais des perspectives différentes commencent à se dégager. Un souffle nouveau a déjà pénétré les chambres correctionnelles lorsque, en 1958, le législateur a institué la mise à l'épreuve, mesure inspirée de la *probation* anglo-saxonne, et dont l'exécution relève de l'autorité du juge de l'application des peines, le « J.A.P. [1] ».

Ces prévenus des audiences correctionnelles, comment les perçoit le juge du haut de son estrade?

Qui sont-ils?

Poser cette question, c'est déjà comprendre que la justice pénale aurait besoin de les connaître et d'être éclairée sur leur personnalité. La criminologie, science nouvelle née de la pénologie, de la psychiatrie, de la psychologie, de la sociologie, est encore mal connue, en France, dans le monde des magistrats; elle devrait cependant avoir une place de choix dans leur formation. Il serait opportun de les initier également à la politique criminelle en ce qu'elle tend à faire assurer la prévention

1. Sur la mise à l'épreuve et sur le juge de l'application des peines se référer au chapitre XIV.

de la délinquance et le traitement des délinquants, discipline dont Marc Ancel, président de chambre honoraire à la Cour de cassation, a vu toute l'importance en créant, il y a quelques années, le Centre de recherches de politique criminelle.

L'indiscipline sociale

J'avance que bien des délinquants qui relèvent actuellement de la compétence du tribunal correctionnel n'y sont pas à leur place. « Indisciplinés sociaux », ils devraient être déférés à une juridiction, appelée par exemple « tribunal de discipline sociale », constituée par un juge unique — le juge de police sans doute — et statuant dans les délais les plus rapides [2].

Le tribunal correctionnel se cantonnerait alors dans le jugement des actes délictueux qui constituent une violation des normes morales communément admises et bien intégrées dans la conscience sociale.

Le public serait tout à fait d'accord pour que le délit qui exprime l'indiscipline sociale ne soit pas jugé dans le même esprit et dans la même atmosphère que celui qui soulève une réprobation générale. Tous ceux qui ont enfreint les innombrables réglementations dont notre arsenal législatif est rempli, tous les auteurs de blessures par imprudence qui n'ont pas créé consciemment une situation dangereuse, ne devraient pas répondre de leur

2. C'est dans ce sens que s'est orienté le groupe de travail « Aspects pénaux et pénitentiaires » du Comité d'études sur la violence, la criminalité et la délinquance, groupe animé par R. Schmelek, premier avocat général à la Cour de cassation et P. Lombard, avocat au barreau de Marseille, Documentation française et Presses Pocket, 1977.

délinquance devant la juridiction correctionnelle, où comparaissent en même temps des spécialistes du fric-frac, des souteneurs, des tauliers louches, des voleurs, des escrocs, des grands truands, des chevaliers d'industrie, des brasseurs d'affaires véreux.

Par contre, celui qui a causé des blessures par imprudence après s'être volontairement mis en situation dangereuse, l'automobiliste qui double au sommet d'une côte, celui qui conduit en état d'imprégnation alcoolique ou l'employeur qui a conscience des conditions d'insécurité dans lesquelles il fait travailler ses ouvriers... continueraient à relever de la compétence du tribunal correctionnel.

Jetons maintenant un regard sur les « vrais clients » de ce tribunal.

Les violents

Certains remontent du fond des âges. On les imagine hirsutes et porteurs de massues, prédateurs et violateurs. Leur entendement est limité et ils ignorent le contrôle et la maîtrise de soi. S'ils ne sont pas des aliénés au sens de l'article 64 du Code pénal, ils appartiennent pour le moins, impulsifs et proches de la débilité, à la catégorie des anormaux mentaux.

La prison ne résout pas leurs problèmes, ni celui qu'ils posent à la société. Nous aurons l'occasion d'esquisser les mesures qui devraient être instituées par le législateur à leur égard [3].

Autres violents : les mauvais garçons, les « mecs à la

3. Chapitre XIV.

redresse ». Irascibles et vaniteux, ils « roulent les mécaniques », cherchent la bagarre.

Aspirant au « caïdat » sans en avoir l'étoffe, ils amènent effervescence et agitation dans les prisons.

Souvent violents, mais pas toujours, les bourreaux d'enfants, les auteurs de délits sexuels. Leur psychisme peut se révéler altéré. Tant par leur dangerosité que par l'indignation que leurs actes provoquent, ils posent des problèmes particuliers.

Du calcul à la ruse

Et les calculateurs, spécialistes du fric-frac?

Ils pèsent les risques, d'un côté le gain escompté, de l'autre les dangers encourus : arrestation, prison, voire le risque d'être « descendus » en pleine action.

Ils savent que dans l'industrie de la cambriole, il est préférable de ne pas s'exposer à la tentation de la gâchette facile. Sans arme, c'est le plus souvent la correctionnelle. Sinon, à coup sûr, la cour d'assises.

Ce genre de professionnel serait en régression, et remplacé par des « amateurs », mais bien des « casses », même sans envergure, restent encore organisés avec une hardiesse calculée. Il est vrai que beaucoup de vols expriment maintenant plus de spontanéisme que de préparation, et les actions sauvages, de plus en plus audacieuses, commises par de jeunes adultes, se multiplient.

Les petits escrocs et les détourneurs de fonds, eux, calculent peu les risques d'être pris et condamnés. Ils ont confiance en la baraka. Mais ils s'ingénient à élaborer des combinaisons pour convaincre leurs dupes de leur remettre de l'argent, un objet convoité, une signature, une décharge.

Ils ne sont guère sensibles à l'intimidation par la sanction. Mois de prison, amendes, rien ne les décourage. Rusés, habiles, toujours confiants en leur martingale, ce sont des récidivistes en puissance.

Leurs victimes, ils les recrutent dans les villes, vieillards, personnes seules, couples un peu simplets, amateurs de « bonnes affaires », mais aussi dans les campagnes, en dépit de la méfiance proverbiale du monde paysan, qui s'exerce davantage à l'égard d'enfants du pays qu'envers l'étranger beau parleur. Mais la propension du terrien à se saisir de la fourche le rend redoutable s'il devient conscient d'avoir été berné.

C'est à Thiers encore que plusieurs fois j'ai dû faire appel aux gendarmes pour qu'ils assurent — ô ironie — la protection d'écumeurs de l'épargne. Leurs victimes les auraient vite mis hors d'état de nuire pour l'éternité.

Je me souviens d'un vieux montagnard des environs d'Ambert — blouse bleue, barbe en collier, anneau à l'oreille. Il reconnut, au cours d'une confrontation, le Parisien qui l'avait délesté de ses économies en lui vantant les vertus mirifiques d'un prétendu contrat d'assurance sur la vie. Il se précipita sur lui et lui assena un magistral coup de gourdin sur la nuque devant le juge d'instruction médusé.

Les marginaux

Parmi ceux qui échouent à la correctionnelle, les marginaux.

En marge de la société globable, ils ne s'intègrent pas, ou très mal. Ils fuient le contrôle social et ses agents. La délinquance s'inscrit quasi naturellement dans leur mode de vie.

L'interminable errance

Certains sont bien connus du juge.

Les trimardeurs, les biffins, les immigrés qui ne sont pas parvenus à s'insérer dans les circuits normaux et sur qui pleuvent les infractions à la réglementation des étrangers, les personnes déplacées qui n'ont connu du pays d'accueil que les camps de regroupement, les centres d'hébergement, les cités de transit, les hôpitaux, les prisons.

Mettons à part peut-être ceux de la roulotte qui apportent avec eux leur culture et s'adaptent tant bien que mal aux pays qu'ils traversent.

J'ai vu camper aux abords du tribunal d'Issoire, quand l'un des siens était aux prises avec la justice, toute une tribu de gitans. Elle s'installa ensuite devant la maison d'arrêt et stationna plusieurs semaines pour attendre la libération du père.

Quant aux vagabonds, les uns sont les laissés-pour-compte de l'alcoolisme ou de l'hospice, les autres, hôtes des tribunaux de province, sont depuis leur jeunesse, parfois leur enfance, des « fables en marche », pour reprendre la charmante expression du professeur Ernest Dupré. Ils n'ont vraiment pas leur place dans nos structures étroites, ils ne peuvent ni ne veulent s'insérer dans des tâches répétitives.

C'est à Thiers que j'ai connu le plus sympathique des vagabonds. Il faisait des chansons et se révélait poète :

« Dans ma vie, j'ai rencontré l'amour,
Mais bien plus souvent les gendarmes. »

Aux premiers frimas de l'hiver, je le voyais arriver en compagnie de la maréchaussée.

— C'est pas ces deux-là qui m'auraient eu... si j'aurais pas voulu.

Devant le tribunal et au terme d'un accord tacite entre lui et moi, d'un geste convenu — trois doigts = trois mois — il fixait lui-même la durée de l'emprisonnement qu'il entendait subir et acquiesçait d'un sourire complice à l'énoncé de la sentence.

Un jour, alors qu'il venait « d'en prendre » pour les trois mois concédés par les juges, je le rencontrai sur la place du marché. Affairé, propre, bien rasé, il portait un sac d'où émergeait un chou. En ma compagnie il revint sans mot dire à la prison. C'est l'épouse du surveillant-chef qui nous reçut :

— Faut comprendre, monsieur le procureur, Jojo il a parfois un coup de cafard, ça lui change les idées de sortir un peu. Il m'aide à la maison et fait les commissions.

Je dus convenir que Jojo était un parfait homme de confiance...

Cette excellente femme, à elle seule, mettait déjà la réforme pénitentiaire en marche et n'avait pas besoin de savantes arguties pour prendre conscience du droit à la différence.

Le quart monde

Les marginaux issus du quart monde sont sujets de perplexité et de trouble pour un juge conscient de leur état. Ils lui posent des problèmes considérables car, avec les femmes et les enfants, ils représentent en France une population de bien plus d'un million de personnes.

Ils vivent dans des baraquements, des constructions légères, soumis aux craintes ancestrales de l'orage qui inonde, de l'incendie qui dévaste. Ils cumulent les handicaps, misère, analphabétisme, isolement, maladie, inactivité temporaire. Souvent ils ne sont même pas inclus dans un régime de Sécurité sociale. Ignorés, rejetés, ils portent au tréfonds d'eux-mêmes un tragique sentiment d'injustice. Leurs conditions de vie ne peuvent que les rendre absolument asociaux. Ils chapardent, ils volent, ils se battent, ils agressent. Alors ils échouent sur les bancs de la correctionnelle. Ils sont aussi les clients des autres enceintes de la justice. Achats à crédit, traites impayées, ce sont les saisies. Loyers non réglés, ce sont les poursuites, et parfois l'expulsion.

Confronté avec le quart monde, le juge pénal inéluctablement prononce des peines de prison...

La peine d'amende, il ne saurait en être question. Payer? Avec quoi?

La mise à l'épreuve, elle serait vouée à l'échec, faute d'équipement social approprié.

Seule serait efficace une action globable qui mobiliserait l'ensemble des pouvoirs publics et la société tout entière. C'est ce que pensent le père Joseph Wresinski et les militants qui travaillent avec lui dans le mouvement

« Aide à toute détresse », présidé par Geneviève Anthonioz de Gaulle[4].

Il faut bien que la société aille vers le quart monde. Constitué d'exclus et d'isolés, il ne viendra pas à elle. Inapte à constituer des groupes de pression, il est tout juste capable de clamer sa détresse dans des accès désordonnés de violence.

Les nouveaux marginaux

Ils déconcertent les juges.

Ce sont de jeunes adultes de dix-huit à vingt-cinq ans en général. Sous l'effet de pulsions destructrices, ils commettent des actes de vandalisme gratuits ou des « casses » pour un profit incertain. Ils agressent, intimident, jouent les durs, créent la crainte et l'angoisse, réduisent à la panique et à la soumission leurs victimes.

Ce sont les « loubards » ou les « loulous », successeurs des blousons noirs ou dorés. Ils ravagent les bals populaires du samedi soir dans les banlieues et dans les villages proches des villes. Ils ratissent les rues à pied ou à moto, arrachent les sacs des femmes, extirpent les portefeuilles des passants. A la moindre résistance, ils pratiquent le « coup de boule » ou la manchette. De plus en plus souvent, ils « braquent » ou se livrent à des violences sexuelles, à des viols collectifs... les « rodéos ».

4. Ce mouvement mène une action sociale remarquable, à la fois globale et individualisée, qui se double d'une recherche scientifique. Il a son siège à Pierrelaye. On s'y efforce de faire reconnaître les droits du quart monde et de lui donner un espoir. Le père Joseph Wresinski et ses adjoints estiment à juste raison qu'une famille du quart monde hébergée dans l'un des centres qu'ils ont fondés est prête à assumer son autonomie lorsqu'elle commence à se trouver humiliée de se percevoir comme famille secourue.

D'autres jeunes adultes, vagabonds, drogués, colporteurs de drogues, dévaliseurs de pharmacie, hippies qui du non-conformisme sont passés à la délinquance, prennent bien souvent eux aussi le chemin du tribunal.

Seule une remontée dans leur enfance et leur prime adolescence permettrait d'expliquer cette forme de délinquance. C'est une démarche familière au magistrat de la jeunesse, nous l'avons vu.

Mais un marginal, lorsqu'il est âgé de plus de dix-huit ans, cesse de relever de la juridiction des mineurs. Et le tribunal correctionnel, devant qui il comparaît, le plus souvent détenu provisoirement, n'a pas d'autre possibilité, en l'état de notre législation et de nos pratiques judiciaires, que de lui infliger une peine de prison de plus ou moins longue durée.

Si, connaissant leur personnalité, le juge avait la ressource d'ouvrir les voies d'une action socio-éducative, il y recourrait sans doute. Action qui s'avérerait longue et difficile. L'angoisse viscérale de ces jeunes, leur révolte foncière, il n'est pas aisé de les extirper de leurs cœurs et de leurs esprits. Mais, sauvages et désespérées, elles sont contagieuses. D'escalade en escalade, ils peuvent en arriver à une sorte de néant.

Le mouvement *punk* [5] a fait son apparition aux U.S.A. et en Grande-Bretagne. L'un de ses leaders, s'exprimant sur Europe n° 1 le 28 juin 1977, l'a décrit :

Se flattant d'être plus sales et plus drogués que les hippies, qu'ils méprisent d'ailleurs pour leur passivité et leur non-violence, les punks se veulent agressifs, opposants. Stimulés par un rock effréné qui a pris naissance à Detroit, excités par des médicaments destinés à les

5. Expression argotique de la langue anglaise signifiant vaurien méprisable, individu pourri.

rendre frénétiques, ils s'emploient à trouver les moyens les plus radicaux pour la possession immédiate de ce qu'ils désirent. Ils aiment le bitume, l'asphalte et le béton. Ils détruisent, blessent, peuvent tuer et s'autodétruire. Ils s'enivrent de désespérance. Les garçons d'*Orange mécanique* deviennent une réalité.

Nos jeunes marginaux n'ont pas encore atteint cet état de désespoir dévastateur, et j'ose espérer qu'ils ne l'atteindront jamais, mais en ne faisant que les condamner, la société ne se cache-t-elle pas à elle-même ses propres malfaçons?

La prévention

Leur délinquance, dans ses formes et ses motivations nouvelles, est à la fois un cri de révolte contre une société qu'ils perçoivent comme une marâtre, et un cri d'angoisse dans un monde où la communication entre les personnes s'amenuise, et où, exclus et rejetés, ils désespèrent de voir reconnaître leur propre identité.

Le juge est mal à l'aise devant cette forme de délinquance qui témoigne d'étranges interférences entre l'infraction de droit commun et celle qui est inspirée par des motivations idéologiques. Il va appliquer la loi et prononcer une sanction dont l'efficacité est aléatoire. C'est donc un devoir pour les pouvoirs publics, pour les responsables des centres de décision, de s'engager à fond dans les voies de la prévention. Des mesures générales de prévention, par leur ampleur et par leurs résultats, transfigureraient notre société.

Jetant un regard sur les nouveaux facteurs de la délinquance des mineurs, nous avons constaté une évidence : les processus de marginalisation opèrent bien avant l'accession à la majorité et la prévention ne produit tous ses effets que si elle s'exerce précocement.

Cette prévention sociale mettrait en cause les structures actuelles de la famille, ses conditions d'habitat, ses conditions de travail, son niveau socio-économique, l'organisation de la scolarité, la provocation publicitaire qui présente la consommation comme une fin en soi, l'automatisation et la répétitivité des tâches, l'anonymat, la « massification », l'effondrement des valeurs morales et civiques — qu'il faudrait rénover en les adaptant à notre époque.

Et dans bien d'autres directions encore, la prévention aurait à s'exercer. Elle serait le moyen le plus sûr d'une bonne politique criminelle.

On ne saurait décrire tous les personnages disparates qui peuplent la correctionnelle, si différents par les types de délits, par les types de mentalité. Des hommes et quelques femmes ont les yeux fixés sur le président, lui ne perçoit qu'un ensemble hétéroclite et anonyme. Ils ne prendront quelque consistance qu'à l'appel de leur nom et à l'énumération de leurs méfaits. Chacun pourrait alors « exister », mais il ne fera qu'« apparaître »; trop peu de temps à lui consacrer, la pile des dossiers est là.

C'est pourquoi il faut rendre hommage à l'effort méritoire des présidents qui essaient d'individualiser les cas et d'amorcer un dialogue humain avec les prévenus.

Deux catégories ne risquent pas cependant de se perdre dans la foule des délinquants : les grands truands et les « cols blancs ».

Les grands truands

Ils sont à cheval sur deux juridictions : cour d'assises pour les crimes, tribunal correctionnel pour les délits.

Le système est d'ailleurs faussé par la pratique judiciaire de la « correctionnalisation », pratique qui consiste, en faisant abstraction de certaines circonstances aggravantes, à transformer un crime en délit. Et surtout que l'on ne pense pas que la correctionnalisation procède d'un esprit de mansuétude lorsqu'elle concerne les agissements de grands truands.

Bien au contraire, c'est un moyen utilisé par les magistrats du parquet et par les juges d'instruction pour porter plus rapidement et plus efficacement l'affaire devant la juridiction de jugement.

Les avocats, lorsqu'ils soulèvent l'incompétence du tribunal correctionnel, préférant un renvoi en cour d'assises, espèrent, confiants en leur talent, pouvoir convaincre les jurés et augmenter les chances de leurs clients.

Mais soulever l'incompétence du tribunal est devenu un jeu dangereux; les jurés depuis quelques années ne sont guère enclins à l'indulgence.

Le grand truand est, à des degrés divers, l'organisateur et le cerveau d'une entreprise criminelle. Il apporte les fonds nécessaires à l'accomplissement de l'action. Souvent la préparation coûte cher. Organisateur et bailleur de fonds, il reste presque toujours dans l'ombre. Il agit par personnes interposées. En général elles ne sont pas bavardes. Là se trouve l'une des difficultés majeures auxquelles se heurtent la police puis le juge d'instruction pour « faire toute la lumière ».

Le grand truand a en général une façade, une « couverture » (café, garage, ou établissement plus huppé) et on ne le dépiste pas facilement.

Dès qu'une opération criminelle a quelque envergure, il rassemble des hommes de main et les mobilise, crée les réseaux. Implacable, il fait observer la loi du silence et régner la discipline. Le plus souvent, son identité reste cachée aux comparses subalternes.

Le gangstérisme, le hold-up, le kidnapping, le racket, la manœuvre intimidante, le chantage, la séquestration, c'est son affaire. Mais il domine aussi la traite des blanches, la haute prostitution, les organisations de call-girls, le trafic de la drogue.

Il calcule les profits et les pertes de son entreprise, il en apprécie la rentabilité. Si le rendement diminue, il effectue sa reconversion. Ainsi les réussites de la police dans le secteur de la drogue ont conduit bon nombre de trafiquants à se recycler dans le hold-up. D'autres grands truands sont passés de la prostitution au racket. Il faut bien vivre... en grand seigneur!

On s'étonne parfois des protections dont ils bénéficient.

Elles ne sont pas le fait du monde judiciaire.

La justice criminelle ou correctionnelle sait, quoi qu'on dise, se montrer sévère à l'égard de la haute pègre et, souvent, la peine incline vers le maximum.

A vrai dire, je ne vois pas quel procédé pénitentiaire autre que l'enfermement de très longue durée pourrait être utilisé. Profiteurs, jouisseurs, imperméables, cruels, les grands truands sont inéducables, inamendables, non susceptibles d'une réinsertion sociale. Ils se situent parmi les esclavagistes du monde contemporain. Les pires sont, à coup sûr, les « cerveaux » qui, à la tête des organisations du trafic de la drogue, précipitent tant de jeunes dans la désagrégation du corps et de la pensée. Les mettre hors d'état de nuire par l'incarcération, mais aussi prévoir à leur sortie de prison un dispositif de surveillance tel que les agents du contrôle social ne les perdent jamais de vue, c'est essentiel pour la défense de la société.

Les grands truands ont... des cols blancs. Ils ont même des cols d'une blancheur immaculée. Mais lorsque l'on parle de « délinquance en col blanc », ce n'est pas à eux que l'on fait allusion.

Aussi faut-il considérer cette délinquance, qui laisse entrevoir une faiblesse sérieuse de notre justice pénale.

Les « cols blancs »

Ils relèvent en général de la compétence du tribunal correctionnel.

L'opinion publique est persuadée qu'ils échappent la plupart du temps à la justice, et que, lorsqu'ils comparaissent, elle a pour eux des égards.

Qui sont-ils?

Des P.-D.G., des directeurs généraux, des gérants de société, des brasseurs d'affaires, des cadres supérieurs, des commerçants, des banquiers, des membres des professions libérales, des agents du monde économique et financier, des fonctionnaires, des politiciens, des officiers ministériels.

Leur délinquance n'est pas en soi violente, mais elle est ressentie comme telle par leurs victimes. Et la conscience publique s'insurge. Privilégiés de la fortune et de l'instruction, détenant les bonnes places, ils font, par leurs agissements malhonnêtes, insulte à moins bien pourvus qu'eux.

Deux poids, deux mesures, dit-on. Je ne saurais répondre à cette critique sans avoir donné un aperçu de leurs actes — une longue liste en vérité — et esquissé leurs traits psychologiques.

La délinquance en col blanc est toujours une délinquance de profit.

Elle exprime du mépris envers le comparse. C'est le cas de la « corruption active », s'exerçant sur des employés, des fonctionnaires, des élus. Elle dénote de la désinvolture, désinvolture par exemple du patron qui, pour accroître son bénéfice, fait consciemment travailler ses ouvriers dans une insécurité génératrice d'accidents du travail. Désinvolture encore envers le corps social et mépris des équilibres économiques : la spéculation.

Des spéculations scandaleuses, des hausses de prix exorbitantes ne sont pas toujours illicites et punissables. Pour bon nombre d'entre elles, c'est bien dommage. Je pense à la spéculation éhontée sur les terrains que l'on a laissée se développer sans chercher un vrai remède pendant plus de vingt ans, notamment dans Paris et dans la région parisienne.

L'astuce et la tromperie caractérisent la délinquance en col blanc.

Jean Cosson, conseiller à la Cour de cassation et spécialiste du droit pénal des affaires, a raison d'écrire : « Le délinquant d'affaires obtient toujours de sa victime qu'elle lui remette volontairement l'argent ou les objets du délit, parce qu'il a su tromper cette victime en la persuadant d'une opération profitable aux deux parties[6]. »

Les portes royales de la délinquance astucieuse s'ouvrent donc sur l'escroquerie et l'abus de confiance. Escroqueries en boule de neige, au crédit, à la carambouille, escroqueries par l'intermédiaire d'hommes de paille, manœuvres frauduleuses accompagnant la présentation à l'escompte d'effets de complaisance et de traites de cavalerie, etc.

Le délinquant en col blanc s'engage aussi dans les voies de l'abus de confiance ou de détournements camouflés (abus de biens sociaux, usage abusif de pouvoirs, distribution de dividendes fictifs, présentation de bilans inexacts, etc.).

Et combien d'autres délits à son actif!

Les tromperies sur les marchandises, la publicité mensongère, la concurrence déloyale, la banqueroute, les informations fallacieuses dispensées par des sociétés commerciales, le trafic de devises, les exportations de capitaux, les pressions d'agents économiques en position dominante, les ententes illicites, délits classiques parmi tant d'autres[7].

Cols blancs aussi les notaires qui détournent des fonds, mais leurs agissements sont toujours de la compétence de la cour d'assises.

La fraude fiscale

En plus des clients, des fournisseurs, des associés, des employés, des ouvriers, des paysans, de tout le public,

6. Rapport général sur les aspects criminologiques de la délinquance d'affaires, présenté par Jean Cosson au Conseil de l'Europe (12e conférence des directeurs d'instituts de recherches criminologiques, août 1976).

7. Consulter sur ces points l'excellent ouvrage de droit pénal des affaires par le professeur Mireille Delmas-Marty.

ajoutons deux victimes de choix : les assurances sociales et le fisc.

Je cite au passage la rétention par l'employeur des cotisations ouvrières de Sécurité sociale. Ce délit, bien connu, s'amplifie en période de crise économique.

Et le fisc?

C'est le secteur privilégié de toutes les fraudes.

Dissimulation de recettes, comptabilisation d'opérations imaginaires ou inexactes avec des firmes fictives ou sans consistance, recours à des hommes de paille, constitution d'une société « bidon », alors que l'entreprise n'appartient qu'à une seule personne, tous les stratagèmes sont mis en œuvre lorsqu'il s'agit d'échapper à l'impôt.

On ne sait pas trop à combien peut être évaluée la fraude fiscale. Des organismes officiels avancent le chiffre de cinquante milliards par an, d'autres celui de vingt-cinq milliards. La vérité se situe sans doute entre les deux. On a parfois le sentiment que seuls les Français vivant de revenus déclarés, salaires ou traitements, sont des contribuables sans reproche!

Si une réforme s'impose, c'est bien celle de notre fiscalité, dans le sens d'une moindre complexité et d'une meilleure égalité de tous devant l'impôt.

Une fraude originale, bien connue des juges qui la retiennent comme escroquerie, c'est... le taxi. Mécanisme bien monté.

Des chefs d'entreprise, astreints au paiement de la T.V.A., mais autorisés à déduire les taxes déjà payées par les fournisseurs, ou, si la marchandise est censée destinée à l'exportation, autorisés à obtenir le remboursement de la T.V.A., créent de toutes pièces des sociétés fictives — les taxis.

La marchandise parcourt alors des circuits imaginaires, qui sont à l'origine de multiples déductions sans cause ou de remboursements indus.

Le préjudice subi par le fisc est considérable.

Les « cols blancs » qui échappent au juge

J'ai déjà mis en évidence les systèmes de filtrage qui font qu'un nombre relativement important d'affaires pénales échappent à la connaissance du juge.

Le filtrage joue indiscutablement à l'égard de délits commis par les cols blancs. Des victimes ne portent pas toujours plainte. Des affaires ne franchissent pas le stade de la police, et l'autorité judiciaire n'est pas saisie. Dans des cas peu graves le parquet use de son droit d'appréciation et classe sans suite.

Mais il y a plus.

Le public, par méconnaissance des particularités des procédures, impute au juge des faiblesses qui ne sont pas les siennes.

Pour une partie de la délinquance en col blanc, l'initiative des poursuites n'appartient pas au procureur de la République, ou bien son droit d'exercer des poursuites est paralysé.

La fraude fiscale, le contrôle des changes, les atteintes au crédit de l'État — ce ne sont que des exemples — ne peuvent être poursuivis par les magistrats du parquet que sur la plainte de l'administration intéressée, le plus souvent celle des Finances.

Pour les infractions dites « économiques », celles relatives au contrôle des prix et aux ententes, les parquets n'ont pas la possibilité d'agir sans avoir obtenu l'avis du directeur du Contrôle des prix ou celui de la Commission « des ententes et des positions dominantes ».

De plus, l'administration peut disposer du droit de transiger ou de conclure un règlement amiable; ce sont des accords qui ont pour effet d'éteindre l'action publique.

On ne saurait accuser le juge de faiblesse pour des délits qui sont bien réellement commis, mais qui restent ignorés de lui.

Ceux qui comparaissent

Le juge fait-il bénéficier les cols blancs d'un traitement de faveur?

Convenons qu'une chambre correctionnelle ne saurait se transformer en chambre ardente à la seule vue de tels prévenus. Dans la délinquance des affaires comme dans toute autre matière pénale, il existe des infractions bénignes.

Mais qu'en est-il de la répression des infractions graves? d'autant plus graves que, sauf exception, la lucidité des auteurs, leur appétit de lucre et leur habileté à tromper sont patentes.

Des juges — pas tous, bien sûr — montrent une certaine faiblesse dans la répression.

Non pas qu'ils soient sensibles à des pressions extérieures, mais pour d'autres raisons.

Ils éprouvent des difficultés à se libérer de leur propre milieu, de leur éducation et — osons le dire — des vestiges de leurs préjugés de classe. Ils ont devant eux des hommes qui auraient pu être leurs condisciples à l'université, qui s'expriment avec civilité, qui savent se donner les meilleures apparences, ils peuvent abuser un juge attaché aux formes.

Il arrive alors que le délinquant bénéficie d'un sursis à la peine d'emprisonnement, ou qu'il se voie infliger une amende. La somme paraît lourde au juge quand il la compare à son propre traitement. Elle est bien légère pour le budget de la société industrielle ou commerciale qui en définitive la paiera.

Et puis les délinquants en col blanc sont en général défendus par des avocats de talent, expérimentés dans le droit complexe des affaires, capables d'exploiter les failles d'une poursuite, habiles à découvrir dans une législation touffue les échappatoires favorables, sachant jeter du lest s'il le faut, mais excellant à exploiter jusqu'au bout leurs avantages.

Aussi je comprends que des magistrats jeunes et ardents, peu façonnés par les traditions de leurs aînés, pointilleux sur les égalités, soient pris de l'envie de juger avec plus de rigueur des délinquants bien nantis dont quelques-uns ne sont pas tellement éloignés, par leur immoralité foncière, de la mentalité des grands truands.

Mais il serait dommageable pour la sérénité de la justice que quelques éclats puissent laisser croire — à tort — que nos jeunes collègues se voudraient moins juges que justiciers.

Justice sociale

Je me demande si les magistrats qui, dans une immense majorité, ont le souci d'être justes, ont toujours une exacte conscience de la justice sociale, qui se propose de réduire les inégalités entre les citoyens.

Bien sûr, le juge ne statue que sur des cas particuliers, et l'on a pu dire que la justice sociale, qui tend par des mesures d'ensemble à réduire les inégalités entre les hommes, n'était pas son affaire. Mais, lorsqu'il est saisi de graves infractions économiques ou financières ayant concouru à perturber les circuits de production ou de distribution, l'opinion attend de lui la sévérité. Ses décisions doivent être comprises et acceptées par l'ensemble des citoyens, premières victimes de ces agissements, comme le rétablissement d'un équilibre économique rompu par les délits.

Suggestions

L'État pourrait-il mieux assurer la répression des délits graves commis par les délinquants en col blanc?

En général, les peines d'emprisonnement et d'amende prévues par les textes sont d'une rigueur suffisante. Il s'agit seulement de les appliquer avec fermeté.

A l'égard des cols blancs, la peine de prison est sans conteste la plus dissuasive. Celui qui vit dans les beaux quartiers, qui est à l'aise dans son vaste appartement ou au volant de sa puissante voiture, s'inquiète plus que tout autre d'un séjour prolongé dans un établissement pénitentiaire.

Il serait souhaitable d'étendre la palette des peines « accessoires » ou « complémentaires », par exemple prévoir ou renforcer l'interdiction de tenir un rôle de responsabilité dans l'entreprise, organiser la publicité des sanctions, notamment par leur affichage dans les lieux professionnels, mieux aménager la confiscation des gains frauduleux.

Enfin, si l'on a beaucoup parlé de la nécessité d'une spécialisation des juges d'instruction et des substituts dans les affaires financières et économiques, peu d'efforts ont été encore entrepris dans ce sens, sauf à Paris et dans deux ou trois grandes villes de province. De toute urgence s'impose la formation de magistrats des parquets et de juges d'instruction aussi familiers du droit des affaires et de ses arcanes que les avocats qui sont leurs interlocuteurs.

La délinquance en col blanc, qui est en augmentation constante, est devenue un fléau national.

CONVERSION

J'ai laissé entrevoir que la pratique de l'audience correctionnelle m'avait incité à me convertir à la justice civile, qui, elle, suit mieux le mouvement des idées et des mœurs. Ce fut chose faite lorsqu'en 1959 j'accédai à un poste de conseiller à la cour d'appel de Paris.

Dans ces fonctions, puis dans celles de président de chambre, enfin conseiller à la Cour de cassation, j'ai parcouru bien des itinéraires : le droit de la propriété littéraire et artistique, le droit touffu de la Sécurité sociale, le droit successoral, où les règles de l'ancienne France coexistent avec les « conquêtes révolutionnaires », le vieux droit immobilier, et celui plus récent de la copropriété, le droit des sociétés civiles immobilières, qu'il a fallu construire à partir de peu d'éléments et où apparurent de curieuses faunes, le droit procédural, le droit de la responsabilité civile, dont j'ai pénétré les secrets pendant les dix années passées à la Cour de cassation.

Maintenant en compagnie d'un juge civil, nous ne perdrons cependant pas tout à fait de vue le juge pénal. C'est en nous référant à certaines de ses décisions que nous aurons l'occasion d'évoquer des problèmes communs aux deux types de justice.

CHAPITRE X

L'ART DIFFICILE DE JUGER

Une audience

Suivons le président de la xe chambre civile du tribunal de grande instance de Paris sur le chemin qui le mène à l'audience.

Pour arriver aux grands escaliers du palais, il traverse la cour de Mai.

Il n'a pas présent à l'esprit qu'en ce point précis de son trajet il croise celui qu'en 1793 empruntaient les charrettes des condamnés à mort pour gagner la place Royale, où les attendait le bourreau. Non, il est midi, il se hâte, l'heure de l'audience approche. Midi, et non pas six heures du matin, comme au temps jadis, où, précédées de la messe, les audiences commençaient au petit jour, «... parce que c'est le temps de la journée auquel on a l'esprit le plus tranquille et le plus serein, et par conséquent le plus en état de faire un juste discernement de la qualité des preuves [1] ».

La salle des Pas Perdus traversée, notre président

1. Relaté par le premier président M. Rousselet, *op. cit.*, et tiré des *Essais sur l'idée du parfait magistrat*, 1701.

parvient, par un dédale de vestibules, dans les « dépendances » de sa chambre. Au vestiaire, dans son placard : la toque, un peu empoussiérée : il la porte rarement; son vêtement de travail, en somme, c'est la robe noire. Il la revêt, cette robe, qui à l'usage s'effiloche et verdit. Il la revêt et, fait étrange, le voici un autre homme. Oubliés pour un temps les tracas domestiques, le mauvais carnet scolaire du fils, les soucis de santé, les déceptions amères. Il est un juge-président.

Dans son cabinet, il reçoit rapidement quelques avocats, s'entretient avec eux des affaires en cours. Puis, en chambre du conseil, il retrouve ses deux assesseurs, le substitut d'audience, le greffier. Propos amènes, ou amicaux. Ils vont vivre ensemble un long après-midi, quatre heures, cinq heures, plus peut-être.

Et pourtant J.-B. Treilhard qui, alors conseiller d'État, participa à la rédaction des Codes, proposa à Napoléon Ier de fixer à trois heures la longueur des audiences. « Trois heures, c'est bien peu », objecta l'empereur. « Je ne voudrais pas, lui répondit Treilhard, être jugé à la quatrième heure [2]. »

Sans retard, il faut monter quelques marches. L'huissier tire le cordon de la cloche, ouvre la porte : « Le tribunal, silence et découvert! » Le président prend place sur l'estrade, dans son fauteuil, entouré de ses deux juges. Des lampes vertes leur donnent un teint spectral.

« L'audience est ouverte. »

L'odeur de la salle, relent de paperasse et d'air confiné, les pénètre. Le décor : des murs lambrissés, des tentures, le buste de Marianne; derrière le banc des avocats, leurs clients — les « parties » —, un public

2. Relaté par le premier président Rousselet, *op. cit.*

clairsemé. Nous ne sommes pas à la correctionnelle.

Il est procédé à la lecture des « dispositifs » des jugements pour les affaires qui ont été plaidées quinze jours auparavant, parfois plus, si la cause s'est révélée très complexe. On dit que le tribunal pour chaque litige « vide son délibéré ». Puis le président procède à l'appel des causes. Dans chacune de celles qui sont retenues, l'un des assesseurs « fait rapport », expose les faits et les circonstances de procédure; il s'abstient toutefois d'exprimer son opinion. Les avocats plaident. Le substitut fait savoir s'il entend conclure. S'il ne prend pas de conclusions, la cause est « mise en délibéré ».

Et les affaires se succèdent. Quand le « rôle » est épuisé, le président déclare : « L'audience est levée. » Le tribunal se retire.

C'est une période importante, celle du délibéré, qui s'ouvre alors. A l'exception des litiges particulièrement simples, où l'accord se fait rapidement dès après l'audience, les juges délibèrent deux fois pour chaque cause : d'abord sur la solution à donner; quelques jours après, sur le projet de jugement établi par l'un d'eux. Le rédacteur peut être conduit à exposer des difficultés qui, à première vue, n'étaient pas apparues, mais ont surgi en cours de route, à la lecture du dossier. Au besoin, on délibère à nouveau sur la décision à prendre.

Le juge désigné pour rédiger le projet reste donc une semaine ou deux en compagnie de son « dossier », un dossier qui s'ajoute à beaucoup d'autres dont il a pris la charge. Il le dépouille, ce dossier, lit les « écritures » des parties, c'est-à-dire les conclusions déposées par les avocats, lit les « notes » de leurs plaidoiries, prend connaissance des pièces de forme et des pièces de fond, des expertises, des procès-verbaux d'enquête, des constats, des attestations et des nombreux documents qui lui sont soumis.

Dans chacune de ces « chemises », défraîchies par les manipulations successives, deux intérêts — pour le moins — s'affrontent, des plaideurs se heurtent, accumulant les arguments, les vrais et les faux. Toujours des prétentions s'opposent : divorces, héritages, réparation d'un dommage, propriété d'une terre, annulation d'une vente, troubles de voisinage... toutes causes de procès parmi tant d'autres, distribués dans les différentes chambres.

Avant tout, le juge entreprend de reconstituer l'affaire dans sa vérité, vérité des situations, crédibilité des éléments de preuve, vérité des personnages du conflit judiciaire, vérité dans l'adaptation de la règle de droit aux circonstances de fait. Que d'embûches à éviter! Que de faux-semblants à déceler! Que de contradictions et d'ambivalences à surmonter! Que de moyens dilatoires à écarter!

C'est le labeur de la longue patience. Mais les dossiers se bousculent... Il faudrait travailler vite, sans relâche. Est-ce toujours possible?

La méditation

La réponse est évidente : le magistrat ne peut exercer son métier sans faire une part à la méditation. Serait-il un homme du passé?

Méditer quand tout tourne si vite, quand on exige une justice rapide — et pourquoi pas « express »? Peut-on méditer à l'heure de l'électronique, à l'heure où, à peine posée, la question reçoit sa réponse? Oui, la méditation reste une exigence fondamentale. C'est seulement à travers ses méandres qu'apparaît dans toute affaire la solution qui serre au plus près le droit et l'équité. A l'épreuve de la réflexion approfondie se font jour des nuances dans les cas où une approche sommaire et simplifiée n'aurait abouti qu'à une justice mutilée. Je me méfierais du juge qui, tel le conducteur d'un bulldozer, aplanirait tout sur son passage.

On objecte l'énorme volume des affaires. On souhaite que le magistrat en « évacue » — c'est le mot employé, et cela veut tout dire — le plus grand nombre, le plus vite possible. Cet argument ne m'impressionne guère. Ce n'est pas cette justice qu'au fond d'eux-mêmes réclament les citoyens. Débarrassons-la des formalismes, qui sont paralysants, quand ils n'ajoutent rien aux garanties indispensables. Équipons les services en moyens matériels et permettons au juge d'avoir le temps de la réflexion. Un cours normal s'établira.

La méditation ne s'achève pas à la sortie du palais. Elle est la compagne du magistrat qui regagne son foyer. Elle le poursuit dans sa vie familiale. Elle le tient éveillé la nuit.

Calculer ses heures de travail? Plaisanterie. Ce serait le signe d'une civilisation qui aurait déclaré la guerre à la pensée.

Pour y avoir souvent accompagné un de mes parents magistrat, j'ai le souvenir des soirées du samedi passées dans les vergers qui entouraient ma ville natale, Le Puy-en-Velay.

D'une main, tenant le panier du goûter des enfants, de l'autre une serviette gonflée de dossiers, le juge escaladait les petits chemins qui le conduisaient à sa « vigne ».

Allait-il s'égarer dans les vapeurs du vin nouveau — piquette légère née d'une terre trop froide? Non, il se rendait dans sa maisonnette pour y réfléchir sous la garde des roses mousseuses et des pêchers lourds de fruits. Le temps ne comptait pas alors.

Au seuil de sa méditation, le magistrat d'antan demandait à Dieu, en toute humilité, de l'inspirer et de lui donner assez de sagesse pour juger.

Dieu a cessé d'être dans ses horizons familiers. Mais, si sa méditation n'a plus la même ferveur spirituelle, c'est toujours avec modestie que le juge aborde l'inexorable débat intérieur où sa conscience va s'engager.

Devant les réalités humaines, sociales, économiques dont il s'applique à pénétrer les ombres, il va découvrir que dans sa réflexion il est seul. Rendre la justice n'est pas mission facile. Il y faut du recul pour se protéger de la naïveté, pas trop cependant, pour rester disponible et accessible aux mouvements de la vie.

Le délibéré

Évoquer la méditation, c'est aborder le délibéré, examen conscient et réfléchi avant toute décision. Délibéré avec lui-même si, juge unique, le magistrat doit prendre solitairement sa décision.

C'est le cas du juge d'instance, qui statue toujours seul, en matière civile comme en matière pénale.

C'est le cas du juge de grande instance, lorsqu'il prend seul de multiples mesures « juridictionnelles », mesures d'instruction et aussi mesures urgentes. En application de dispositions législatives récentes, aussi bien au pénal qu'au civil, il statue également seul dans des affaires simples. Il est cependant autorisé par la loi à les renvoyer devant la formation collégiale si, après examen, elles lui paraissent complexes.

Sauf ces exceptions, qui se justifient entièrement, les affaires sont portées devant trois juges, dont l'un a le grade de président ou de vice-président. C'est la règle pour le tribunal de grande instance, également pour les cours d'appel, où les juges portent le titre de conseiller [3].

Le délibéré qui se déroule en collégialité a lieu en général dans la chambre du conseil, voisine de la salle d'audience. Une longue table recouverte d'un tapis vert encombré de codes et de recueils en occupe le centre, l'inévitable pendule Directoire ou Empire orne la cheminée.

Sous le prétexte que la collégialité immobilise trois juges, une tendance se développe en faveur du juge unique. C'est toujours la même idée de rendement qui réapparaît. Les partisans inconditionnels du juge unique sont ceux chez qui l'esprit de zèle prend le pas sur la pensée réfléchie.

Dès qu'une affaire présente quelque difficulté, la collégialité offre des avantages sérieux. Je n'en citerai que deux.

Elle fortifie le juge dans son indépendance. La responsabilité de la décision se trouve partagée. Et surtout elle lui permet de confronter son opinion à celle de ses collègues.

L'esprit de dialogue et d'ouverture à la pensée de

3. Toutefois par application de l'article 786 du nouveau Code de procédure civile, le juge, qui est chargé du « rapport peut, si les avocats ne s'y opposent pas, tenir seul l'audience pour entendre les plaidoiries. Il en rend compte au tribunal qui délibère ensuite ».

l'autre, le souci d'échanger des opinions différentes, voire divergentes, le besoin de soulever une objection à son propre point de vue, ne serait-ce que pour s'assurer de sa pertinence, sont les meilleures dispositions pour aborder le délibéré collégial, haut moment du processus judiciaire. Mais le profil psychologique de certains magistrats pourrait fausser le cours normal d'un délibéré.

Qu'ils sont déplaisants ces juges imbus d'eux-mêmes, sûrs de détenir la vérité et prêts à en découdre pour mieux assurer la prééminence de leurs propositions. Le délibéré n'est pas un combat, ni la chambre des délibérés un champ clos.

D'autres, timides ou timorés, hésitent à faire valoir leur opinion. Souvent hommes de culture, leur délicatesse les empêche d'exprimer des avis péremptoires. Si on ne les étouffe pas sous le poids d'une remarque acerbe et si au contraire on s'ingénie à les mettre à l'aise, ils introduiront fréquemment dans le débat la perspicacité d'un esprit nuancé. D'autres encore s'exaltent devant le volume du « rôle[4] ». Vrais tâcherons de la justice, ils abattent de la besogne, allant jusqu'à minuter le délibéré, à le réduire, quasiment à l'escamoter. Ils vivent dans le délire de l'évacuation des procédures. Ils découvrent constamment quelque nouvelle méthode pour accélérer la cadence. C'est sur la vigilance de leurs collègues qu'il faut compter pour conserver à la justice sa densité humaine.

Si, en des temps très anciens, et aussi dans des périodes révolutionnaires — sous la Terreur en 1793 et 1794 —, les juges délibéraient et opinaient publique-

4. Le rôle est constitué par la liste des affaires appelées à l'audience.

ment, la règle fondamentale du délibéré est le secret. Lors de sa nomination à son premier poste, et dans le serment qu'il prête devant la cour d'appel, le juge jure « de garder religieusement le secret des délibérations ». En aucun cas il ne peut en être relevé.

Je pense souvent à l'époque où je présidais la 2e chambre de la cour d'appel. Auprès de moi, les conseillers J.-P. Léon et le regretté André Cossa, magistrats humanistes par l'esprit et par la culture, d'une rectitude morale et intellectuelle exemplaire. Une confiance réciproque et totale dans une confrontation franche et rigoureuse écartait nos incertitudes.

Finalités

Quelles sont les finalités de la mission du juge?

Il applique la loi et dit le droit.

Il arbitre des conflits entre des droits et des intérêts.

Il assure le maintien de l'ordre social défini par le législateur.

Il est aussi le gardien des libertés qui garantissent à la personne humaine sa dignité.

Il se veut juste à la fois à l'égard du citoyen et du corps social.

Toutes ces définitions — ou plutôt ces ébauches de définitions — ont leur valeur, à la condition de s'imbriquer étroitement; elles sont interdépendantes.

On se rend compte que la loi, l'ordre social, les libertés et les droits méritent que l'on s'y arrête pour les mieux cerner, en apercevoir les lacunes, en saisir les altérations et les déviations. Ceci conduit à demander au lecteur de se mettre à la place du juge dans les démarches de sa pensée.

La vie et l'agonie des lois

Dans un pays démocratique, la loi émane des représentants de la nation. Elle « fige » l'état de la conscience publique à la date de sa promulgation. Elle est aussi inspirée par les circonstances de la vie en société et même par les opportunités du moment.

Le magistrat l'applique et, par conséquent, on peut dire que juger est un acte politique — et naturellement pas un acte « de politique ». La loi confère un statut au citoyen dans sa famille, dans son environnement social, dans son milieu de travail, dans ses loisirs. Elle réglemente les échanges économiques et culturels, elle régit les mœurs dès que sont franchies les limites de la vie privée. Et pour appliquer la loi, le juge est bien souvent dans l'obligation de l'interpréter, exerçant ainsi son pouvoir d'appréciation.

C'est un « pouvoir politique non subordonné » comme se plaisait à le dire Jean-Louis Ropers, qui présida l'Union fédérale de la magistrature. Pouvoir politique encore lorsque le juge doit statuer sous peine de commettre un déni de justice devant un vide législatif absolu.

L'histoire poursuit sa course. Les mœurs, les normes, les impératifs sociaux évoluent et se transforment. Les textes législatifs, eux, ne sauraient changer au même rythme. La position du juge devient donc difficile lorsqu'il lui est demandé d'appliquer une loi vétuste, mais toujours en vigueur. Il ne peut refuser de la prendre en considération. Il entreprend alors d'utiliser les ressources de l'arsenal juridique pour atténuer les conséquences les plus dommageables, les indignations les plus justifiées que susciterait une application catégorique et brutale de dispositions légales déphasées par rapport à la conscience publique. Il y a une vingtaine d'années, le parquet, en application de l'article 317 du Code pénal, traduisait devant les tribunaux correctionnels les femmes qui s'étaient fait avorter. Souvent elles avaient exposé leur vie en recourant aux services d'un avorteur ignare. Nombreuses étaient celles qui avaient décidé une interruption de grossesse sous l'effet d'une complète détresse morale, de la misère, de pitoyables circonstances économiques. L'exiguïté du logement se révélait fréquemment à l'origine de la décision de mères d'un ou deux enfants dans l'impossibilité où elles se trouvaient d'accéder au F2 ou au F3 qui leur aurait permis de vivre décemment. Il fallait bien prononcer des condamnations. C'était la loi. Mais, dès 1956, dans la chambre que je présidais, les plus larges circonstances atténuantes et le bénéfice du sursis étaient presque constants. Les femmes riches, on le savait, allaient se faire avorter en Suisse ou en Angleterre, pour des raisons bien moins valables. Une condamnation, même minime, ne pouvait que heurter l'équité. L'opprobre était réservé aux défavorisées de la fortune. Il devenait de plus en plus évident qu'il fallait transformer la loi sur l'avortement. Elle le fut totalement, mais... en 1974.

Entre la loi et la conscience publique

Loi vétuste, mais aussi loi devenant injuste en raison de l'évolution de la conscience publique. Le juge s'efforce alors d'interpréter le texte législatif dans un sens qui, au moment de sa publication, aurait sûrement déconcerté les esprits. Cet aspect de son action est mal connu.

Souvent les lois sont venues bien après les orientations données par de nouvelles jurisprudences. Parfois même les rapports juridiques se sont si bien organisés que le législateur a pu s'abstenir d'intervenir.

On l'ignore en général, mais ce sont les magistrats de la fin du siècle dernier et du début de notre siècle qui ont donné au contrat de travail un nouveau visage, si différent de celui que lui avait conféré le Code civil.

Les tribunaux, bien avant la loi du 11 février 1950, avaient proclamé que le droit de grève ne rompait pas le contrat de travail. Ils avaient aussi estimé que le patron pouvait commettre un abus dans l'exercice de son droit de résiliation de ce contrat [5].

Ils ont fait éclater la fiction juridique de l' « autonomie de volonté des contractants », pour mieux assurer la protection juridique des salariés. La position dominante de l'employeur montrait à l'évidence qu'en louant son travail, l'ouvrier, s'il était le sujet d'un contrat, en était surtout l'objet.

Ces mêmes juges ne sont-ils pas venus au secours de la femme mariée, que le Code civil napoléonien qualifiait aimablement d' « incapable »?

S'inspirant en partie des jurisprudences des anciens parlements — qui, eux, étaient conscients du rôle important que jouait la femme, maîtresse de la maison —, ils ont institué le « mandat domestique », pour permettre à l'épouse d'engager son mari par les actes

5. Jurisprudence consacrée ensuite par la loi du 29 juillet 1928.

juridiques qu'elle accomplissait dans le souci de pourvoir à l'entretien du ménage. En même temps, ils mettaient obstacle à ce qu'un mari retirât sans motif légitime ce « mandat domestique ». En bref, ils avaient largement ouvert la voie à la réforme de 1965 [6].

Ces juges d'autrefois — toujours traités de « vieux conservateurs » — ont donc su s'engager, et engager le législateur, sur des voies d'avant-garde très audacieuses pour leur temps.

La fiction

Mais ces mêmes juges pouvaient aussi rester solidement attachés à des fictions juridiques faussant les rapports contractuels, compromettant même l'évolution économique.

C'est ainsi que les magistrats d'entre les deux guerres avaient décidé, une fois pour toutes, et contre la plus élémentaire évidence, que le franc conservait sa valeur légale et gardait son pouvoir libératoire. Ils s'en tenaient là avec une obstination farouche, alors que la dépréciation monétaire était une réalité patente et que l'inflation galopait. Leurs épouses, au retour du marché, pouvaient leur prouver en ouvrant le panier de la ménagère que pour 50 francs, censés représenter une valeur constante, elles rapportaient de moins en moins de provisions, ils restaient inébranlables : la valeur du franc était sacrée.

6. La loi du 13 juillet 1965, qui a modifié l'article 220 du Code civil, dispose — et personne n'en est maintenant choqué — que chacun des époux a « pouvoir pour passer seul les contrats qui ont pour objet l'entretien du ménage ou l'éducation des enfants : toute dette ainsi contractée par l'un oblige l'autre ».

Et cependant, en raison de l'état de la monnaie, dans les contrats de longue durée, l'équilibre entre les prestations réciproques des parties se trouvait rompu.

La question des cheptels fit couler beaucoup d'encre. Bien qu'après la guerre de 1914 le bétail eût pris une plus-value énorme, la Cour de cassation, en dépit de la « rébellion » de quelques cours d'appel, restait inébranlable. Un cheptel estimé en 1913 un certain prix, pouvait, par exemple, en 1920 à la fin d'un contrat de fermage être restitué à sa valeur d'estimation de 1913, sans obligation de rendre un nombre de bêtes égal à celui qui avait été reçu [7].

Le vendeur en viager avait beau démontrer que, sous l'effet de la dépréciation du franc, la rente qu'il recevait avait perdu une partie de son pouvoir d'achat, le vendeur d'une maison (en acceptant que l'acheteur payât le prix d'acquisition par des versements à longue échéance) pouvait bien établir que l'argent qu'il allait recevoir représenterait seulement la moitié de la valeur de l'immeuble, la Cour de cassation, toujours imperturbable, répondait que le franc gardait tout son pouvoir.

C'était alors la belle vie pour les emprunteurs, protégés par une jurisprudence mettant constamment en avant l'article 1895 du Code civil [8].

Compte tenu de cette jurisprudence, dans les contrats à long terme, les créanciers essayèrent de se prémunir en recourant à des clauses protectrices (paiement en or, en valeur or, en monnaie étrangère, ou d'après la variation de certains indices). Mais ces clauses étaient inman-

7. Ainsi la Cour de cassation, à la différence du Conseil d'État, n'admettait pas la théorie de l'imprévision.

8. L'alinéa 1er de cet article dispose que « l'obligation qui résulte d'un prêt d'argent n'est toujours que de la somme numérique énoncée au contrat ».

quablement annulées par les tribunaux si le contrat ne revêtait pas un caractère international. Un tel attachement à la fiction surprend. Par cette volonté de nier la dégradation de la monnaie, il témoignait de la confiance mystique que les juges plaçaient dans l'État.

Un ami de mon père, également magistrat, disait orgueilleusement : « On a défendu le sol de la France pendant quatre ans, on saura bien défendre le franc... »

La situation s'est entièrement modifiée. Le législateur autorise certaines indexations dans les contrats, et le juge étend même ce procédé à d'autres domaines. Ainsi, par un arrêt du 17 avril 1975, la Cour de cassation, pour réparer un préjudice corporel consécutif à un accident, a admis pour la première fois, dans une formation réunissant des magistrats de toutes les chambres, l'indexation de la rente allouée à la victime.

Des constructions ingénieuses

Les juges d'autrefois, nous les voyons reprendre les voies de la hardiesse juridique dans le vaste champ de la responsabilité civile. A la fin du siècle dernier, le développement du machinisme, puis, au début de notre siècle, l'essor de la circulation automobile rendaient souvent inadéquates les vieilles solutions. Les victimes de la machine à l'usine, puis celles de la voiture sur les routes, ne pouvaient pas toujours prouver la faute du patron ou de l'automobiliste. Il a fallu élargir les possibilités de réparation en s'orientant vers une responsabilité non plus fondée sur une faute de l'utilisateur, mais sur le caractère dangereux des machines elles-mêmes ou des véhicules à moteur qui commençaient à sillonner la France.

Très curieusement, c'est sur un modeste alinéa, qui figure en tête de l'article 1384 du Code civil et qui annonce seulement les dispositions édictées à sa suite, que les magistrats édifièrent une jurisprudence hardie et d'une portée considérable.

Ils décidèrent que cet alinéa : « on est responsable du dommage causé par le fait des choses que l'on a sous sa garde », se suffisait à lui-même. Ils lui conférèrent l'autonomie, et, depuis plus de quatre-vingts ans, ne cessent d'en tirer des cascades de conséquences juridiques. On passa ainsi d'une conception subjective de la responsabilité civile, fondée sur l'idée de faute, à une conception objective, fondée sur la notion de risque.

En 1890 cet artifice fut utilisé pour protéger les ouvriers contre les risques auxquels les exposait le machinisme et la Cour de cassation consacra la jurisprudence naissante par un célèbre arrêt du 16 juin 1896, rendu à la suite de l'éclatement de la chaudière d'un remorqueur.

Puis ce fut la loi du 9 avril 1898 qui, pour la réparation des accidents du travail, instituait une responsabilité de l'employeur fondée sur la notion du risque. Le législateur n'a donc fait qu'emboîter le pas à la jurisprudence.

La machine ne frappe pas que l'ouvrier à l'usine, on la trouve partout, et la plus dangereuse de toutes est, à coup sûr, l'automobile. Aussi la multiplicité des accidents de la circulation a-t-elle donné l'occasion aux juridictions d'affiner la jurisprudence et, en même temps, de l'étendre à une infinité d'*espèces* où la voiture n'est plus en cause, mais où l' « instrument » du dommage est toujours « une chose dont on a la garde ».

Les juges par leur ingéniosité et leur souci de serrer de près la réalité ont donc édifié la plus vaste construction jurisprudentielle, et, jusqu'à ce jour, hors le domaine des accidents du travail, le législateur n'a pas eu à intervenir, sauf sur des points particuliers.

Je pourrais citer bien d'autres cas de jurisprudences entièrement constructives, ainsi :

— l'obligation sous-entendue de sécurité dans le contrat de transport mise par les juridictions civiles à la charge du transporteur, afin de faciliter la preuve au profit de la victime d'un dommage au cours du trajet;

— le contrat d'assurance sur la vie, créé de toutes pièces par les tribunaux bien avant la loi de 1930, qui n'a fait que codifier les solutions jurisprudentielles.

La surabondance

Si les juges ont été, à l'occasion, amenés à combler des vides législatifs, ils auraient plutôt à se plaindre, aujourd'hui, d'une surabondance de textes.

Des lois sont votées par le Parlement, d'autres sont décrétées par le gouvernement lui-même sans avoir à être soumises à l'examen des Assemblées, d'autres encore sont publiées sous forme d'ordonnances. Qu'elles soient ou non lois-cadres, elles sont suivies de tout un cortège de règlements d'administration publique, de décrets et, à partir de ce plantureux ensemble, d'une prolifération d'arrêtés ministériels ou interministériels. Infortunés magistrats, qui doivent à longueur de journée se colleter avec des réglementations de plus en plus touffues!

Lorsque je présidais la chambre sociale de la cour d'appel de Paris qui jugeait les affaires de Sécurité sociale, je participai à un colloque suivi d'un dîner, où je m'entretins avec un jeune « énarque », dont l'esprit vif et curieux me plaisait. Comme je lui faisais observer que la réglementation de la Sécurité sociale était méticuleuse et tracassière, lui donnant en exemple les allocations-vieillesse où l'on se trouvait enfermé dans un tel corset de prescriptions limitatives qu'on ne pouvait trouver une issue équitable, il m'interrompit : « Le mal provient de ce qu'il n'y a pas encore assez de réglementations. Prévoir à l'avance toutes les situations où se trouveront les assurés sociaux, c'est la seule solution. »

Cet homme, au demeurant fort intelligent, ignorait que devant la justice il n'y a que des cas d'espèce. En se multipliant, les prévisions législatives laissent toujours échapper la plupart d'entre eux. La sagesse serait donc de ne légiférer que pour le général. C'est un vœu pieux!

Le magistrat civil ne saurait se réduire, ni être réduit, à la simple condition de légiste dont les pouvoirs se limiteraient à l'application stricte des réglementations. Ce serait tomber dans un légalisme formel et stratifié. Le droit aurait cessé d'être vivant.

Que l'on se rassure d'ailleurs, ce propos n'a rien de révolutionnaire. Le juge n'entend nullement se dissocier de la loi. J'avancerais plutôt qu'il se sent devenir orphelin si la loi n'est pas là pour le soutenir dans l'élaboration de sa sentence. Avant tout il redoute de tomber dans l'arbitraire. L'attitude est honorable.

La double exigence

Si l'on exclut les périodes insurrectionnelles où, pour asseoir son autorité, il s'attaque par la violence à tous les vestiges, et jusqu'aux symboles du régime défunt, le pouvoir politique, en rassemblant les citoyens sous l'égide des lois, se flatte de leur procurer un mieux-être, de leur assurer de meilleures chances, de garantir la paix publique. Il leur propose donc un ordre social.

Sans doute ils peuvent, par des conventions, déroger à certaines lois, mais plus nombreuses sont celles qui s'imposent catégoriquement à tous. Ce sont les lois d'ordre public auxquelles on doit obéir. Elles trouvent leur fondement dans les impératifs de la sécurité des personnes et des biens, dans la stabilité nécessaire aux relations juridiques, dans la prise en considération d'un intérêt général qui prime des intérêts particuliers.

Toutes les lois pénales sont d'ordre public. Sont aussi d'ordre public les lois qui régissent l'organisation de l'État et son administration, les rapports de l'État avec les citoyens lorsqu'ils deviennent électeurs, contribuables, appelés sous les drapeaux... L'ordre public pénètre maintenant tous les secteurs du droit civil et du droit social [9].

Veiller à la sauvegarde des lois d'ordre public, c'est l'une des missions fondamentales des magistrats.

Si l'anarchiste, le casseur de baraque, le fomentateur de séditions s'égaraient dans la magistrature, ils n'y auraient pas leur place.

9. Droit de la famille, droit de la filiation, droit du travail, réglementation des circuits économiques, qui vont de la production des biens à leur distribution, etc.

Mais ordre social et ordre public sont eux-mêmes soumis aux lois de l'évolution. Et les magistrats doivent être attentifs aux mutations de la conscience sociale pour savoir, selon les matières, assouplir ou raffermir la notion d'ordre public. Même si l'innovation dérange ou irrite, ils ne peuvent s'isoler dans une tour d'ivoire.

Les déviations

De l'ordre public, on glisse facilement à d'autres notions qui, mises en avant par le pouvoir politique, deviennent inquiétantes lorsqu'elles font le siège du magistrat [10].

Quelles sont-elles?

— La raison d'État. Invoquée « dans l'intérêt public » pour justifier une action illégale ou injuste en matière politique, elle ne saurait dicter au juge sa décision.

— L'opportunité politique. Il lui arrive d'inspirer le pouvoir, mais il appartient au juge d'y rester insensible.

Son attachement profond à l'ordre public peut cependant l'exposer à s'engager dans ces déviations et le rendre accessible à la raison d'État ou à l'opportunité politique. Des voix se sont faites pressantes autour de lui pour orienter son jugement. Elles ont invoqué des menaces, des troubles, des dangers pour les citoyens et la nation. Partisan du devoir envers l'État, il n'est pas exclu qu'il se laisse convaincre.

L'histoire nous en fournit des exemples. Il est même arrivé que la décision judiciaire souhaitée par le pouvoir soit intervenue au prix d'intolérables violations des principes juridiques les plus fondamentaux. Atroce sou-

10. Les cas que je vais citer concernent la justice pénale, plus menacée que la justice civile par les déviations de la notion d'ordre public.

venir d'une époque douloureuse, où, pendant l'occupation allemande, des juges appelés à Paris à constituer la Section spéciale ont, en violant le principe essentiel de la non-rétroactivité de la loi pénale, prononcé des condamnations à mort.

Certaines affaires contemporaines — abondamment commentées dans la presse et sur les ondes — laissent entrevoir l'ombre de la raison d'État ou l'opportunité politique.

On a beaucoup parlé de l'affaire dite « des plombiers du *Canard enchaîné* ».

Une nuit, un collaborateur de l'hebdomadaire, alerté par des fenêtres éclairées dans les nouveaux locaux du journal, découvrit que l'on était en train d'y installer des micros.

L'enquête amena l'ouverture d'une information, qui aurait dû aboutir à une confrontation des plus importantes entre des policiers de la D.S.T. et des témoins qui les mettaient en cause. Ces policiers, sur les ordres de leurs chefs, se sont abstenus de répondre aux convocations du juge d'instruction qui, estimant ne pas être en possession d'éléments essentiels à la manifestation de la vérité, clôtura son information par une ordonnance de non-lieu [11].

A ce propos, et à l'occasion du congrès de 1977 de l'Union syndicale des magistrats, son président, André Braunschweig, conseiller à la Cour de cassation, a, en présence du garde des Sceaux, évoqué en termes catégo-

11. Cette ordonnance fut confirmée en appel par la chambre d'accusation de Paris. Mais l'arrêt de cette chambre a été cassé le 22 juin 1978 par la chambre criminelle de la Cour de cassation et l'affaire renvoyée devant une autre cour d'appel.

riques la surprenante situation dans laquelle s'était trouvé le magistrat informateur [12]. « Est-il tolérable, a-t-il déclaré, qu'un juge d'instruction ait été mis dans la triste obligation de dire, par une ordonnance de non-lieu, qu'il n'avait pu parvenir à la manifestation de la vérité parce que sa mission avait été entravée par des instructions gouvernementales, empêchant que des témoins principaux viennent déposer à son cabinet? » Et il a ajouté : « Les pouvoirs que le juge tient de la loi ont été impudemment bafoués par des serviteurs de l'État (les policiers), dont le premier souci aurait dû être de respecter cette loi. » On ne saurait mieux dire.

De son côté, le président honoraire à la Cour de cassation, Raoul Combaldieu, qui présida la chambre criminelle, observant que, pour ne pas avoir à se présenter à l'instruction, les policiers s'étaient abrités derrière les secrets de la Défense nationale, a déclaré [13] : « Quant aux secrets de la Défense nationale, qui bien entendu doivent être protégés, il ne faut cependant pas les exagérer et les invoquer dans des cas où ils n'apparaissent que pour mettre à l'abri de poursuites des individus qui ont commis ou pu commettre des infractions ou participé à ces dernières. L'exemple qui est sur toutes les lèvres est celui dit des " plombiers du *Canard enchaîné* ". Que des policiers, officiers ou agents de police judiciaire, se refusent de répondre aux convocations d'un juge d'instruction au prétexte que leur physionomie serait couverte par le secret de la Défense nationale, voilà qui est pour le moins surprenant. Non

12. *Le Nouveau Pouvoir judiciaire*, n° de juillet-août 1977.

13. Rapport sur « Le juge et la vérité », présenté par Raoul Combaldieu aux Journées juridiques franco-polonaises qui se sont tenues à Paris et à Toulouse du 11 au 15 juin 1977.

moins surprenante apparaît, d'ailleurs, l'attitude du juge d'instruction qui, refusant d'user des pouvoirs de coercition que lui donne la loi à l'égard des témoins, s'incline devant les prétentions exorbitantes des policiers. On ne peut que déplorer l'impasse où amène, en l'espèce, l'usage désordonné et abusif de ce secret professionnel, usage qui révèle une insubordination de la police à l'égard de la justice, dont elle est légalement l'auxiliaire, en même temps qu'une violation des articles 12 et suivants du Code de procédure pénale, et qui, sur le plan judiciaire, débouche sur une situation ressentie par l'opinion publique comme ressemblant étrangement et fâcheusement à un déni de justice. »

Il n'y a rien à ajouter à ces propos.

Autre curieuse affaire, l'affaire Abou-Daoud.

Cet étranger, accusé d'être l'un des organisateurs du carnage perpétré le 5 septembre 1972 au cours des jeux Olympiques de Munich, est arrêté par la police le samedi 8 janvier 1977 à Paris, où il venait d'arriver dans une délégation palestinienne officielle, sous une fausse identité. Il faisait l'objet d'une double demande d'arrestation, l'une du gouvernement de la R.F.A., l'autre du gouvernement d'Israël. Son arrestation souleva sur-le-champ un grand tumulte dans le monde international.

On comprend sans peine que le gouvernement français se soit trouvé dans une position inconfortable. De bien des côtés, on n'aurait guère apprécié qu'il fît extrader Abou-Daoud après avis favorable de la chambre d'accusation de la cour d'appel [14], c'est-à-dire qu'il le fît remettre à l'un des pays « requérants ».

14. Dans toute affaire d'extradition la chambre d'accusation est appelée à donner un avis judiciaire.

La chambre d'accusation est saisie. Dès le mardi 11 janvier, elle rend son arrêt qui ordonne la libération d'Abou-Daoud. Il est immédiatement mis en liberté, et l'autorité administrative l'expulse sans délai.

Sur une question essentielle posée dans cette affaire, le président honoraire à la Cour de cassation, Maurice Rolland, qui, comme le président Combaldieu, présida la chambre criminelle, a estimé [15] que la chambre d'accusation n'aurait pas dû se prononcer sur la mise en liberté d'Abou-Daoud tant que n'avait pas expiré le délai de vingt jours prévu par la loi et par une convention franco-allemande. C'est le délai accordé à l'État requérant (l'Allemagne en l'occurrence) pour lui permettre d'adresser au gouvernement français une demande régulière d'extradition. La chambre d'accusation ne l'a pas entendu de cette façon. C'est trois jours après l'arrestation qu'elle a rendu son arrêt, estimant que la demande régulière d'extradition n'étant pas parvenue au gouvernement français, elle ne pouvait maintenir la détention au vu du seul mandat d'arrêt.

Ainsi et comme il arrive fréquemment en matière juridique, les opinions peuvent diverger. Mais ce qui surprend, c'est l'étrange précipitation du gouvernement à faire requérir devant la justice la mise en liberté d'Abou-Daoud.

En trois jours — dont un dimanche — transmettre un dossier d'extradition du ministre des Affaires étrangères au ministre de la Justice, saisir le procureur de la République, qui doit soumettre l'étranger à un interrogatoire d'identité, faire parvenir la procédure au procureur général, qui à son tour fait effectuer par l'un de ses

15. *Une étonnante célérité judiciaire*. Le Monde, 15 janvier 1977.

avocats généraux un nouvel interrogatoire, provoquer la réunion de la chambre d'accusation d'extrême urgence, et à une date autre que celle de son audience normale, tenir l'audience et rendre l'arrêt, c'est un record difficilement égalable!

Tant de célérité et de précipitation mettaient les juges de la chambre d'accusation dans une situation qu'ils n'avaient sûrement pas souhaitée. De cela on ne s'est guère soucié.

La raison d'État s'insinuait dans les couloirs de la justice, et dans les coulisses du pouvoir se jouait une pièce dont le titre aurait pu rappeler celui de la célèbre comédie de Ionesco : *Abou-Daoud ou Comment s'en débarrasser?*

Une autre affaire de même nature a provoqué un grand remous.

Par arrêt du 16 novembre 1977, la chambre d'accusation de la cour d'appel de Paris a donné un avis favorable à l'extradition de l'avocat allemand Klaus Croissant.

Certaines critiques élevées contre cette décision témoignent d'une méconnaissance des principes qui régissent la matière.

Pour comprendre juridiquement la décision du 16 novembre 1977, il faut savoir que les juges de la chambre d'accusation étaient tenus de considérer — sous peine d'excéder leurs pouvoirs — les faits tels que les autorités allemandes les avaient elles-mêmes définis et qualifiés. Ils devaient seulement vérifier si ces faits étaient punissables en droit pénal français; ils l'étaient effectivement : d'après les autorités allemandes, Klaus Croissant avait concouru à mettre en place un système d'informations ayant permis à Baader et à ses codétenus de communiquer avec leurs camarades qui, toujours libres, continuaient à mener des actions terroristes.

Une des critiques le plus souvent formulées tombe d'elle-même. Les juges n'ont pas, en donnant un avis favorable à l'extradition de Klaus Croissant, méconnu les droits de la défense, puisque les faits, tels que les reprochait la justice allemande à cet avocat, les excédaient singulièrement. Mais, dans la limite de leurs pouvoirs, les juges devaient rechercher, au vu de la convention franco-allemande du 29 novembre 1951, si le délit imputé à Klaus Croissant était politique, le caractère politique d'une infraction mettant obstacle à l'extradition.

La chambre d'accusation a bien effectué cette recherche. Elle a dénié le caractère politique du délit. Dès lors elle ne pouvait que donner un avis favorable à l'extradition, et elle l'a fait en appuyant son opinion sur des motifs qui sont juridiquement plausibles.

On a encore soutenu que les juges auraient méconnu le droit d'asile proclamé dans le préambule, toujours applicable, de la Constitution de 1946. Mais il n'était nullement établi que Klaus Croissant eût été dans son pays « persécuté pour son action en faveur de la liberté », condition indispensable pour qu'un étranger puisse se réclamer du droit d'asile. Sans doute Klaus Croissant avait-il formé une demande pour se voir reconnaître la qualité de réfugié politique, mais c'était là procédure purement administrative, qui ne pouvait faire différer la décision judiciaire sur l'extradition.

En revanche, on peut s'étonner de la précipitation mise par le gouvernement à faire extrader Me Croissant. Le décret d'extradition fut immédiatement pris, et c'est dans les heures mêmes qui ont suivi le prononcé de l'arrêt de la chambre d'accusation que l'avocat fut remis aux autorités allemandes.

Force est donc de penser qu'une intention se cachait derrière tant de précipitation. Le Conseil d'État, saisi d'un recours sur la légalité du décret, était mis dans l'impossibilité d'examiner utilement s'il y avait lieu d'user de la faculté qu'il se reconnaît d'accorder, pour la durée de l'instance, un sursis à l'exécution de l'extradition.

Mais ces dernières considérations, si elles montrent que notre plus haute juridiction administrative est exposée, elle aussi, à ressentir les pesanteurs du pouvoir politique, nous éloignent des magistrats de l'ordre judiciaire.

Le gardien des droits

L'autorité judiciaire est gardienne des droits attachés à la personne, et seule compétente pour les limiter. La protection de ces droits suppose une attention de tous les instants aux besoins et aux aspirations des hommes. En permettre la satisfaction, en favoriser le développement mais aussi en restreindre les excès, constituent pour le juge des finalités essentielles. Ce sont les droits « naturels et imprescriptibles » proclamés par la Déclaration des droits de l'homme de 1791, réaffirmés par le préambule de la Constitution de 1946, à nouveau reconnus et élargis par le préambule de la Constitution de 1958, consacrés internationalement par l'Assemblée générale des Nations unies. On les qualifie « droits de la personnalité » lorsqu'ils sont pris en charge par le juge de l'ordre judiciaire, qui les protège contre des atteintes provenant d'individus ou de groupements [16].

Que de procès se sont déroulés pour faire reconnaître le droit de chacun à son intégrité corporelle, le droit à la santé, le droit à la liberté physique, le droit à l'emploi, le droit syndical, le droit d'asile, le droit à l'instruction, le droit à la liberté de pensée, etc.

Aujourd'hui, et quotidiennement, les tribunaux sont amenés à garantir à chacun le droit au respect de sa vie privée. Le législateur, par la loi du 17 juillet 1970, a été bien inspiré d'édicter que, outre l'indemnité réparatrice du dommage causé, les juges ont la faculté de prescrire « des mesures telles que séquestre, saisie et autres, propres à empêcher ou à faire cesser une atteinte à l'intimité de la vie privée ». Ces mesures, s'il y a urgence, sont ordonnées en référé.

Déjà, en 1858, le tribunal de Paris avait interdit la publication du portrait de Rachel sur son lit de mort. Et qui ne fut scandalisé par un gros plan du visage de Dullin expirant, étalé à la première page d'un journal à l'affût du fait divers à sensation? Des photographies du fils de Gérard Philipe, âgé de neuf ans, prises à l'hôpital où il avait dû être transporté d'urgence, suscitèrent la désapprobation de bien des lecteurs d'un hebdomadaire. Anne Philipe, veuve du grand acteur, réclama justice devant le tribunal, qui prononça la saisie des exemplaires du journal et des affiches répandues dans Paris sur lesquels figurait la photographie de l'enfant. Le jugement fut confirmé par la cour d'appel, et le pourvoi en cassation contre son arrêt fut rejeté.

16. Si l'atteinte provenait de l'État ou de ses agents, ce seraient les juges de l'ordre administratif qui seraient compétents pour en connaître.

Que de fois les tribunaux, à la suite d'articles de presse, de photos prises au téléobjectif, ont protégé la vie personnelle d'une vedette, même si pour son « lancement » elle pouvait être soupçonnée d'avoir eu la plus grande complaisance pour cette forme de publicité.

Le droit d'informer trouve donc ses limites dans le droit que possède chacun de nous de faire respecter sa vie privée. L'intimité ne reste pas impunément violée.

Demain sans doute le « droit d'être différent » sera reconnu en tant que droit de la personnalité. Il devient nécessaire de légiférer à son sujet. Le totalitarisme, d'où qu'il vienne, menace non seulement les libertés d'opinion et de conscience, mais entend réglementer les façons de vivre, les attitudes, les modes, les arts. C'est Lacédémone, l'individu aliéné par l'État, la chasse aux suspects, la toute-puissance des *mass media,* eux-mêmes télécommandés, le triomphe de la « massification ».

Aussi la reconnaissance du droit d'être différent devient-il une impérieuse nécessité morale dont pourront se réclamer tous ceux qui entendent se situer en marge du conformisme social et des normes tout en restant des « égaux » dans la communauté. Différents dans leur façon de vivre, leur culture, leurs aspirations, ils doivent être respectés. Mais les droits de la personnalité eux-mêmes ont des limites. Déjà la Déclaration des droits de l'homme de 1791 proclamait que la loi devait déterminer les « bornes » des « droits naturels » du citoyen. Cette déclaration historique donne, par exemple, à la loi le pouvoir de préciser les cas dans lesquels un homme peut être « accusé, arrêté, détenu », et de prescrire selon quelles formes ces opérations doivent être effectuées. Dans cette même déclaration, on lit que la liberté d'opinion ne doit pas « par ses manifestations troubler l'ordre public établi par la loi ». On y trouve encore : « La libre communication des pensées et des opinions est un des droits les plus précieux de l'homme ; tout citoyen peut donc parler, écrire, imprimer librement, sauf à répondre de l'abus de cette liberté dans les cas déterminés par la loi. »

Lorsque les lois assignent des « bornes » à l'exercice des droits de la personnalité, les magistrats, dans leurs décisions, les respectent scrupuleusement.

Lorsque la loi reste muette, des jurisprudences s'instaurent pour apporter des limites aux droits de la personnalité. Le juge ne les restreint alors qu'avec la plus grande circonspection.

Avec quel soin les tribunaux exigent, sauf urgence ou nécessité, que le malade soit consentant à une intervention chirurgicale ou à un traitement médical. Des débats passionnés ont eu lieu à la suite d'atteintes légères à l'intégrité corporelle. Je pense aux prises de sang destinées à déceler la présence d'alcool à la suite d'accidents. La loi a dû intervenir pour les autoriser tout en les réglementant. Des procès retentissants se sont déroulés au sujet d'injections de penthotal. Avec ce produit, qualifié, à tort ou à raison, de « sérum de vérité », nous franchissons un seuil, celui qui sépare la protection de la personne physique de la protection, non moins respectable, de la personne morale.

Et si le droit d'être différent est proclamé, il aura, lui aussi, ses limites. Droit de ne pas vivre comme tout le monde, non... « de faire n'importe quoi ». Obligation pour celui qui se tient en marge de la culture dominante de respecter les lois d'ordre public de son pays d'origine ou d'accueil.

Mais la société, de son côté, aura pour devoir d'être envers lui juste, tolérante, fraternelle.

Et, de la part de l'État, ce sera l'impérieuse nécessité d'accepter le pluralisme culturel, d'assouplir sa législation, y compris la pénale, de réduire les défectuosités socio-économiques qui exposent le marginal à devenir asocial [17].

La « patria potestas »

Nous avions hérité des Romains la *patria potestas* — pouvoir absolu du père de famille sur ses enfants. Elle ne cessait pas à leur majorité. C'est une décision du Parlement de Paris en 1673 qui supprima au père de famille le droit d'obtenir devant la justice l'incarcération de ses enfants récalcitrants, âgés de plus de vingt-cinq ans. Ainsi il a fallu une lettre de cachet du Roi pour que Mirabeau, sur l'intervention de son père, et à la suite de sa liaison avec la jeune marquise de Monnier, fût enfermé à vingt-huit ans au château de Vincennes. Il eut pour consolation d'y écrire ses *Lettres à Sophie.*

Bien des vestiges de la *patria potestas* subsistaient encore en 1930. A cette époque, le père avait toujours le droit de solliciter du président du tribunal civil un ordre d'arrestation si son enfant, âgé de moins de seize ans, lui donnait des « sujets de mécontentement ». Le père agissait, disait-on, « par voie d'autorité », et le

17. Le IXe congrès de la Société internationale de défense sociale, qui s'est tenu en 1976 à Caracas, avait pour thème : « Marginalité sociale et justice », et un excellent rapport de synthèse y a été présenté par un magistrat français, Jacques Vérin, qui dirige la coordination de la recherche au ministère de la Justice.

magistrat devait s'incliner devant la demande dont il était saisi.

Des lois successives intervenues depuis cinquante ans, notamment l'institution, en 1958, de l'assistance éducative, ont donné une nouvelle physionomie aux droits des parents. Ce ne sont plus les droits de la « puissance paternelle », mais de l' « autorité parentale ». Droits fonctionnels, ils peuvent, en dehors de toute déchéance de l'autorité parentale [18], être temporairement limités dans leur exercice par le juge. Ainsi le magistrat de la jeunesse, devant un mineur « en danger », tient de la loi, nous le savons, le pouvoir de prononcer une mesure d'assistance éducative.

Un tournant dans la justice civile : l'abus des droits

Il a été longtemps admis qu'on ne pouvait être en faute quand on exerçait son droit.

Maintenant on estime qu'un droit est conféré par la loi pour un usage déterminé, et que l'on peut commettre une faute dans la mesure où l'on ne l'exerce pas conformément à sa finalité.

A y regarder de près, on se rend compte que la plupart des droits que la loi confère au citoyen lui sont attribués pour qu'il en fasse *un certain usage.* C'est l'idée-force qui, sous l'impulsion des professeurs Saleilles et Josserand, a donné naissance à l'une des plus éclatantes et des plus fécondes jurisprudences, celle de l' « abus des

18. La déchéance de l'autorité parentale est prononcée pour fautes particulièrement lourdes commises par les parents. Au XVIIe siècle, les abus de la « puissance domestique » étaient déjà sanctionnés par les parlements.

droits », qui a pris son envol, il y a une cinquantaine d'années.

L'enseignement de mon maître Josserand est encore présent à mon cœur et à mon esprit. Dans un monde où le juriste était resté dogmatique, impérieux, absolu, il parlait, lui, de relativité des droits. Il savait joindre à une pensée précise le langage de la sensibilité. On peut dire que les magistrats l'ont suivi. Ils ont ouvert des voies nouvelles.

La jurisprudence prend appui sur le fameux article 1382 du Code civil : « Tout fait de l'homme qui cause à autrui un dommage oblige celui par la faute duquel il est arrivé à le réparer. »

Celui qui exerce son droit dans une intention de nuire, ou qui le détourne de son but, qu'il soit économique, social ou familial, commet une faute... Cette conception a pénétré la plupart des compartiments du droit privé. Peut, ainsi, se livrer à un abus de droit le propriétaire qui, pour être désagréable à son voisin, fait édifier une haute palissade, le plaideur qui s'ingénie à soutenir des moyens dilatoires ou fallacieux, le créancier qui pratique une saisie-arrêt excessive sur un compte bancaire, le patron qui résilie à la légère un contrat de travail. D'innombrables autres exemples pourraient être cités.

Les droits de la défense

Ces propos montrent bien toute la complexité et l'étendue de l'activité judiciaire. Pour qu'elle soit exercée correctement, les débats doivent revêtir un caractère contradictoire et les droits de la défense être sérieusement respectés.

Ainsi apparaît le rôle important de l'avocat. Si les conclusions qu'il rédige sont indispensables, la plaidoirie reste des plus utiles. Des entreprises tendant à minimiser, à supprimer même la procédure orale, pour cantonner le débat dans les limites d'une procédure écrite, m'inquiètent.

Les avocats eux-mêmes en plaidant prennent conscience de la solidité et de la pertinence de leur dialectique. Les bons arguments résistent vigoureusement à la redoutable épreuve du langage parlé, ceux qui sont inspirés par une pure cogitation s'écroulent et... ne passent pas la rampe.

De plus en plus fréquemment, à la faveur de la plaidoirie, un dialogue s'instaure entre le juge qui a besoin d'une précision sur un point de fait ou de droit et l'avocat. Ce dialogue est toujours fécond, à condition que l'avocat ne soit pas interrompu à tout propos. Développer une argumentation pour convaincre dans des causes difficiles demande une grande concentration de pensée. Le souci de laisser au débat son caractère « contradictoire » n'est pas une perte de temps.

Les délais

Si l'on veut, en matière civile, que la justice reste humaine, et qu'elle offre au plaideur la possibilité de formuler ses prétentions et d'organiser sa défense, elle ne peut pas être rendue à la va-vite.

Pour les affaires civiles qui ne révèlent pas un caractère particulier d'urgence, le délai minimum entre une assignation et le jugement d'un tribunal de grande instance est de dix mois environ.

Si l'une des parties au procès relève appel, c'est un nouveau délai — un an environ — qui doit être prévu entre l'acte d'appel et l'arrêt de la cour.

Si l'arrêt est attaqué devant la Cour de cassation, nouveau délai, de douze mois environ, à prévoir entre la date du pourvoi et celle de l'arrêt de la Cour de cassation.

Tout cela paraît bien long et n'est, cependant, que très normal. Imposer des délais plus réduits, ce serait escamoter les droits de la défense. En revanche, les demandes abusives de renvoi et les moyens dilatoires retardent le cours de la justice et portent préjudice aux intérêts des plaideurs de bonne foi. Au juge de leur donner impitoyablement la chasse. Des procès civils de dix années et plus, s'ils deviennent rares existent encore. Il est vrai que certains terroirs sont réputés pour leur passion processive. Le Code civil a une place d'honneur sur l'auvent de la cheminée. C'est à plaisir que l'on alimente les litiges en arguties de tout genre [19]. La procédure permet encore à des plaideurs rusés de tendre des embûches, de se livrer à des manœuvres retardatrices, de solliciter des mesures frustratoires, tous procédés qui ne sont pas tellement éloignés de ceux qui sévissaient il y a trois siècles et que Racine a si comiquement caricaturés par la bouche de Chicaneau. Je ne résiste pas au plaisir de les rappeler :

« J'écris sur nouveaux frais. Je produis, je fournis
De dits, de contredits, enquêtes, compulsoires,
Rapports d'experts, transports, trois interlocutoires,
Griefs et faits nouveaux, baux et procès-verbaux.

19. Dans le nouveau Code de procédure civile, applicable depuis le 1er janvier 1976, le législateur a cependant fait un effort très méritoire pour juguler les moyens dilatoires.

J'obtiens lettres royaux, et je m'inscris en faux.
Quatorze appointements, trente exploits, six instances,
Six-vingts productions, vingt arrêts de défenses,
Arrêt enfin. Je perds ma cause avec dépens,
Estimés environ cinq à six mille francs.
Est-ce là faire droit? Est-ce là comme on juge?
Après quinze ou vingt ans! Il me reste un refuge :
La requête civile est ouverte pour moi [20]... »

20. *Les Plaideurs*, acte premier, scène VII.

CHAPITRE XI

LE REGARD DE LA COUR DE CASSATION

Le magistrat nouvellement promu à la Cour de cassation prendra vite conscience qu'il va devoir apprendre un nouveau métier, en dépit d'une longue expérience de la chose judiciaire.

Président de chambre à la cour d'appel de Paris ou premier président en province, avocat général à Paris ou procureur général en province, à son arrivée — exception faite pour les anciens directeurs du ministère de la Justice qui sont plus jeunes — il a en général de cinquante-cinq à soixante ans. Derrière lui, une trentaine d'années d'activité. A sa fierté d'appartenir dorénavant à la Cour suprême va bientôt s'ajouter un sentiment moins glorieux : la modestie, et ce ne sont pas les staffs et les ors trop clinquants de la « première [1] », ni les tapisseries et les épais tapis des autres chambres qui vont lui cacher longtemps qu'il va lui falloir refaire ses classes.

Il a été juge « du fond », il a jugé à la fois en fait et en droit. Désormais il devra examiner dans chaque affaire si les règles de droit ont été correctement appliquées; il va étudier des mécanismes de procédure complexes,

1. La première chambre civile.

découvrir les mystères des « branches », des « rameaux », des « chapeaux [2] » et, alors que son souci avait été avant tout de restaurer les faits dans leur vérité et de leur appliquer la loi sans qu'elle contrarie l'équité, il va s'évertuer à dégager le droit du fait, et même à ne plus voir que le droit.

Une mentalité anglo-saxonne ou pragmatique serait rétive à un tel exercice, mais nous, Français, nous avons le privilège de posséder avec la Cour de cassation l'un des derniers remparts de la pensée cartésienne!

Le Conseil du roi

La Cour suprême est une vieille dame encore alerte en dépit de rhumatismes dus à l'âge. On avance qu'elle est née du tribunal de cassation, « unique et sédentaire auprès du Corps législatif », institué par un décret révolutionnaire du 12 août 1790 [3].

Il serait plus exact de dire qu'elle a été transformée à cette date et qu'elle trouve son origine dans le Conseil privé du roi [4] qui, sur pourvoi, avait compétence pour casser les arrêts des parlements, rendus en contravention des ordonnances et des édits royaux. Actuellement

2. Le « chapeau », dans un arrêt à la cassation, est la formule dont il sera fait application dans le raisonnement juridique suivi pour aboutir à la cassation de la décision attaquée. Dans certains cas, on peut dire qu'elle est la proposition majeure d'un syllogisme.

Le « moyen » est la prétention de droit que fait valoir le demandeur au pourvoi. Il se divise souvent en « branches », et la branche, à son tour, peut se diviser en « rameaux ».

3. Lors de sa création, le tribunal de cassation rendait environ 270 décisions par an. Actuellement, la Cour de cassation rend 10 000 arrêts environ par an (6 500 à 7 000 d'entre eux sont rendus par les chambres civiles).

4. On l'appelait aussi « Conseil des parties ».

encore, le célèbre règlement du 28 juin 1738 concernant la procédure du Conseil privé — œuvre du chancelier Daguesseau et de ses fils — continue, par certaines de ses dispositions, à régir la Cour de cassation. Bel exemple de continuité à travers les régimes qui se sont succédé depuis deux cent cinquante ans.

C'est tout ce passé qui résonne lorsque la pendule monumentale du quai de l'Horloge égrène les heures.

Un passé dont l'austérité s'est perpétuée.

Vision trompeuse que ce jabot de dentelle au point d'Angleterre qui apporte une note précieuse et légère sur les robes rouges d'apparat. C'est en stricte robe noire, dans la gravité de leurs chambres respectives — civile, criminelle, sociale, commerciale — que les conseillers, leurs présidents et les avocats généraux vont se livrer au plus minutieux, au plus méticuleux travail.

Ils délibèrent sur chaque affaire après avoir fait évacuer le public, un public le plus souvent très clairsemé; l'argutie juridique présentée par l'avocat général et par les avocats au Conseil d'État et à la Cour de cassation [5] lasse bien vite les non-initiés.

Procédure

Je suis un peu confus d'infliger à celui qui aura bien voulu m'accompagner jusqu'ici la lecture de la page

5. Le public est admis dans la salle d'audience pour entendre le rapport du conseiller rapporteur, les plaidoiries ou observations orales des avocats des parties s'ils estiment qu'elles doivent compléter leurs mémoires écrits, les conclusions de l'avocat général. Ensuite c'est la phase du délibéré, qui se déroule entre les seuls magistrats.

suivante. Je vais l'initier — très brièvement — à la procédure suivie par la Cour suprême. Il en découvrira les dédales, pourra en subodorer les complications. Peut-être serai-je utile à certains plaideurs qui s'y aventurent imprudemment.

La Cour de cassation, comment procède-t-elle?

Elle examine les « pourvois », c'est-à-dire les recours formés par les parties au litige contre des arrêts de cours d'appel, parfois contre des jugements de tribunaux de grande instance, de tribunaux d'instance, d'autres juridictions encore, lorsque ces jugements ont été rendus « en dernier ressort [6] ».

Ne jugeant qu'en droit, elle retient (sauf cas particuliers) les faits tels qu'ils lui sont présentés par les « juges du fond ».

Si elle estime qu'ils ont fait une exacte application de la règle de droit, elle « rejette » le pourvoi.

Sinon, elle « casse » et renvoie l'affaire devant une nouvelle juridiction, de même degré que celle dont la décision a été annulée.

Si cette nouvelle juridiction ne partage pas l'opinion de la Cour de cassation — entrant ainsi en « rébellion » — il faut revenir devant la Cour suprême. Statuant en assemblée générale, elle maintient sa jurisprudence ou se range au point de vue de la juridiction de renvoi.

Si elle persévère dans son opinion première : nouveau renvoi. Mais cette fois la juridiction à qui le litige est renvoyé doit s'incliner devant cette position.

J'achèverai là cette explication trop didactique, et cependant je ne suis pas entré dans l'analyse de tous les

6. Un jugement est rendu « en dernier ressort » lorsqu'il ne peut pas être frappé d'appel ou d'opposition.

mécanismes qui régissent la procédure. J'en ai dit assez pour que le lecteur comprenne que l'on ne peut se pourvoir en cassation sans avoir à faire valoir un sérieux moyen de droit, point de départ de la discussion juridique. A défaut de « moyen de droit », le pourvoi ne saurait « prospérer », pour reprendre un terme du vieux langage.

Trop d'hommes d'affaires conseillent actuellement à leurs clients d'aller en cassation sans motif valable, alors que la décision des juges du fond est juridiquement inattaquable. De faux espoirs sont ainsi entretenus : c'est fâcheux... et coûteux.

Mais il existe aussi des plaideurs de mauvaise foi, qui s'appliquent à faire traîner un litige en longueur et forment un pourvoi dans le seul but de retarder la solution définitive d'un procès ou d'essayer d'avoir l'adversaire « à l'usure ».

L'abus de pourvoi en cassation devrait être rigoureusement sanctionné. Ce n'est pas toujours le cas.

Je ne pense pas, en revanche, que l'on puisse écourter la durée de la procédure — douze à dix-huit mois environ — sous peine de mettre obstacle à la préparation de la défense.

Tout au plus pourrait-on instituer une procédure simplifiée pour répondre dans des délais rapides à des pourvois dont le rejet est certain.

Une vie monacale

La vie d'un magistrat à la Cour de cassation se passe dans un climat de rigueur... On peut même dire que c'est une vie monacale.

Le premier président et le procureur général, les plus hauts magistrats de France, représentent le Corps dans les cérémonies et manifestations officielles, où ils peuvent, bien sûr, se faire remplacer.

Le conseiller (ou l'avocat général) ne jouit ès qualités d'aucune prérogative d'ordre « mondain » et, depuis quelques années, son titre ne le fait pas bénéficier d'invitations aux réceptions nationales ou aux festivités parisiennes... Son sage cheminement est tracé sans la moindre déviation jusqu'à la fin de sa carrière. Deux fois ou trois fois par semaine, il se rend à l'audience. Invariablement il suit la longue galerie Saint-Louis, porteur d'une serviette alourdie des dossiers, déjà examinés, qu'il va devoir « rapporter [7] ». Le soir venu, il parcourt en sens inverse la même galerie, alors chargé d'une partie des dossiers dont il aura hérité à la faveur de la dernière « distribution » — c'est-à-dire du lot d'affaires qui lui échoient mensuellement.

Il va retrouver chez lui, dans son bureau, le volumineux ensemble des *Bulletins de la Cour de cassation* [8], les traités, revues et documents juridiques indispensables à ses laborieuses spéculations. Bien des dossiers sont épais mais le conseiller blanchi sous le harnois sait qu'on ne peut en évaluer la difficulté au poids; les plus légers ne sont pas les moins perfides. Pour certains, il va falloir dépouiller dix à vingt années de jurisprudence, examiner son évolution, déceler comment un mot nouvellement apparu rend compte de la subtilité d'un changement presque insensible, saisir le mouvement général qu'il révèle. Pour d'autres — fastidieux pensum — il sera

7. Rapporter, c'est présenter à l'audience le rapport concernant l'affaire en cours.

8. C'est le recueil de l'ensemble de la jurisprudence de la Cour de cassation.

indispensable, à notre époque d'incontinence législative, de s'attaquer à une multitude de textes disparates, de les confronter, parfois d'en relever les contradictions, d'examiner dans quelle mesure le plus récent n'a pas abrogé « tacitement » le plus ancien...

Et chaque mois de nouveaux dossiers sont distribués, et tout conseiller est « rapporteur » devant sa chambre de ceux des précédentes livraisons. Il prépare donc son « rapport », qu'il complète d'un « avis » écrit et motivé et d'un « projet d'arrêt ».

C'est le moment où il se livre, dans le silence de son cabinet, à un délicat travail de construction juridique. Tout ce qui est essentiel à la démonstration doit être dit, tout ce qui est inutile, superflu, non déterminant doit être soigneusement élagué. C'est à ce prix que les arrêts de la Cour de cassation conservent leur concision et leur précision légendaires. Ils tendent même à une sorte de perfectionnisme de la forme, bien insolite dans un monde décidé à sacrifier le savoir-dire au rendement.

Le rapporteur passe donc de longues heures — et souvent des journées entières — à édifier la construction de son projet. Partout où c'est nécessaire, il dispose des écrous, des boulons, des rivets et chasse impitoyablement les enjoliveurs. Seul importe le raisonnement purement juridique dans ses articulations et ses enchaînements. C'est l'école de la rectitude.

Cette inflexible logique va se doubler de circonspection, et même d'abnégation, lorsque le conseiller « rapportera » devant sa chambre. Il s'installe au fauteuil qui lui est destiné, à gauche du président, celui de droite étant réservé au doyen [9]. Le projet peut ne pas soulever

9. Le doyen de la chambre est le conseiller le plus ancien.

d'objections sérieuses. Mais il arrive qu'en cours de route un collègue dévisse un boulon, un autre desserre un écrou, un troisième fasse sauter un rivet, un quatrième propose une nouvelle formule, et l'infortuné conseiller voit s'écrouler sa construction. Le projet se volatilise. Il faudra recommencer. Et, suprême reproche, il pourra s'entendre dire par un président draconien : « Mon cher collègue, il y a d'excellents " attendus " dans votre projet, mais c'est un arrêt fleuve, en somme un arrêt de premier président de cour d'appel. »

Les conseillers donnent leur opinion. Ils « opinent » à tour de rôle, dans un ordre inverse de celui des autres juridictions, comme l'explique le conseiller Faye qui, après avoir été procureur de la République à Bordeaux sous la Commune, se consacra à l'étude des règles de procédure de la Cour suprême quand il y fut nommé conseiller : « Il est d'usage à la Cour de cassation de recueillir les opinions dans l'ordre inverse de celui qui est prescrit. Si, dans les autres juridictions, on peut craindre que les plus jeunes ne subissent l'influence des aînés, on ne peut redouter cet inconvénient à la Cour de cassation, composée de magistrats au sommet de la hiérarchie judiciaire; et, dans une juridiction où la procédure a des règles spéciales, où la tradition joue un grand rôle et où les précédents de la jurisprudence doivent être respectés, on a pensé que les délibérations gagneraient en rapidité et en clarté si on faisait tout d'abord appel à l'expérience et aux souvenirs des anciens. »

Le rondeau

Il y a quelques années encore, il arrivait que l'on délibérât « au rondeau ».

Tous les conseillers quittaient leurs fauteuils et se groupaient en demi-cercle, serrés les uns contre les autres devant le bureau du président. On procédait ainsi dans les affaires présentant des difficultés mineures où l'avocat général se trouvait d'accord avec le conseiller rapporteur sur la solution.

Pour le profane, le rondeau paraissait étrange. Un explorateur des régions antarctiques qui serait entré inopinément dans la salle d'audience n'aurait pu s'empêcher, devant cette douzaine d'hommes — robes noires et rabats blancs — au coude à coude, les épaules voûtées, le cou tendu, les mains cachées dans leurs manches, d'évoquer — toute révérence gardée — un conciliabule de manchots sur la banquise.

Souvenirs

En arrivant à la 2e chambre civile j'ai reçu — et j'en ai été touché — un chaleureux accueil du président Drouillat et de mes collègues. J'ai bénéficié des conseils du doyen Constant, qui unissait une pensée nuancée et une expression élégante à un sens tout romain du droit, qu'il tenait sans doute de ses origines méridionales. Nous habitions près l'un de l'autre, nous étions presque voisins. Après l'audience, nous nous retrouvions sur la banquette du même autobus, et, tout en longeant les berges sinueuses de la Seine, j'ai plus appris dans le « 72 » sur la technique de la Cour de cassation qu'en étudiant bien des ouvrages. Ce fut pour moi le plus précieux enseignement.

Recyclage

Le recyclage nécessaire pour remplir ces nouvelles fonctions est quelquefois mal accepté par les nouveaux membres de la Cour. Certains s'y adaptent difficilement. Si, dans un sens, il est rajeunissant d'aborder un nouveau métier en approchant de la soixantaine, il est dur — surtout pour celui qui a été chef d'une cour d'appel, l'un des personnages les plus importants de plusieurs départements, ayant eu à sa disposition une cohorte de magistrats — de se retrouver dans la seule compagnie de ses dossiers, devant un travail ingrat, d'une technique très particulière, soumis constamment à la critique de ses pairs. J'ai entendu dire un jour par un conseiller rapporteur excédé par les objections faites à son projet : « Puisque je ne suis pas suivi par la chambre, qu'un autre fasse le projet à ma place. » Dans le climat de la maison, un tel « éclat » était... inconvenant.

Un certain charme

A la Cour de cassation, rigueur et traditions, mais aussi simplicité et sobriété de manières. Déjà en 1840 Tarbé [10], avocat général à la Cour, faisait observer qu'il n'existait dans cette assemblée ni distinction ni préséance entre les magistrats, et que l'ordonnance de 1820 donnait aux conseillers les mêmes « entrées » qu'aux présidents. Aujourd'hui encore les conseillers prennent place sans le

10. Tarbé, *Lois et règlements de la Cour de cassation,* 1840.

moindre formalisme à leur siège et restent assis quand le président entre en séance. Il est *primus inter pares*.

Je n'irai pas jusqu'à affirmer, comme le disait Tarbé, que nulle part « on ne peut trouver plus d'union entre les magistrats, plus de simplicité dans les mœurs, de modestie et d'aménité dans les relations », ou encore, que « les membres de la Cour de cassation semblent une grande famille unie par les mêmes sentiments ».

Le romantisme de l'avocat général a donné de cet âge d'or une relation idyllique, mais dans notre Cour suprême demeure un parfum de distinction et de réserve. La discussion peut être vive, même ardente, au cours des délibérés. Dès la suspension, ou à la fin de l'audience, l'aménité reprend ses avantages. Les rivalités d'ambition ne subsistent presque plus. Tel conseiller appelé à passer une quinzaine d'années à la Cour peut être visité par la pensée d'une présidence, mais l'intrigue y est mal vue. Pour la plupart, leur carrière est terminée, et toute amertume les exposerait à se départir de la sagesse, si nécessaire.

L'effacement

Dans ce climat de travail collectif et d'effacement, le conseiller n'est-il pas exposé à perdre sa personnalité?

Travaillant en collégialité, à l'occasion de chaque affaire qu'il rapporte — et Dieu sait s'il en rapporte — il a le sentiment profond de concourir à l'édification et à l'évolution de la jurisprudence. Fondu dans un ensemble, il ira jusqu'à renoncer à sa propre opinion et à préparer un projet en sens contraire s'il est mis en minorité. Une chambre de la Cour de cassation constitue assez bien le microcosme de vastes groupements, de certaines sociétés, de la plupart des ordres religieux où chacun se réalise dans la mesure où il participe à la pensée commune.

Une autre raison qu'aurait le magistrat de se départir de son originalité, c'est la référence permanente aux décisions anciennes. La Cour suprême donne une grande importance au « précédent », c'est-à-dire à la décision déjà rendue dans une affaire identique, ou tout au moins similaire; elle entretient même un véritable culte du « précédent ». C'est compréhensible, puisqu'elle doit s'appliquer à assurer la régulation des jurisprudences entre toutes les juridictions.

L'excès en tout nuit cependant. Il arrive que les magistrats reproduisent pieusement une formule — notamment dans le préambule d'un arrêt à la cassation (le fameux « chapeau ») — qui traîne parfois depuis cinquante ans et plus dans tous les recueils de jurisprudence. On ne sait pas toujours très bien quelle signification profonde ont entendu lui donner ses auteurs, qui depuis longtemps ont quitté et la Cour de cassation et le monde terrestre. Mais si quelque audacieux propose une modification au « chapeau » pour le rajeunir ou l'adapter aux réalités contemporaines, une voix s'élève du banc des anciens pour crier à la profanation.

Situation plus grave, une chambre ne renonce pas sans de rudes combats à la jurisprudence qu'elle a elle-même édifiée. J'ai vécu ainsi les douleurs qui nous ravagèrent lorsqu'il a bien fallu abandonner notre manière de voir dans le domaine de la « responsabilité du transporteur bénévole [11] », et aussi dans celui de la réparation de certains préjudices.

11. Ce n'est qu'en 1968, et par un arrêt de la Cour de cassation du 20 décembre, que le passager transporté bénévolement dans une voiture a

J'étais depuis peu de temps à la Cour de cassation lorsque j'ai eu à rapporter une affaire où se posait la question cent fois débattue de la réparation du préjudice subi par une concubine dont le compagnon a trouvé la mort dans un accident de la circulation.

La femme, défenderesse au pourvoi, avait obtenu gain de cause devant la cour d'appel, qui lui avait alloué une indemnité réparatrice. L'auteur de l'accident introduisit un pourvoi contre l'arrêt. Il se réclamait de notre jurisprudence particulièrement rigoureuse : seules les victimes se prévalant d'un « intérêt juridiquement protégé » (ce serait le cas d'une épouse, par exemple) pouvaient demander des dommages-intérêts.

Je présentai cependant un projet au rejet, tant cette infortunée concubine me paraissait digne du plus grand intérêt, même s'il n'était pas « juridiquement protégé ». La vie commune durait depuis quinze ans et la femme, quasiment aveugle, ne pouvait se livrer à aucun travail, ni même vivre seule; elle était bien à la charge de son vieux compagnon.

été admis, en cas d'accident au cours du trajet, à invoquer la responsabilité de son transporteur, en la fondant sur la « garde » de l'automobile (art. 1384, al. 1, du Code civil).

Jusque-là, la Cour de cassation exigeait que le passager prouvât la faute du transporteur. Il était ainsi moins bien traité que n'importe quelle autre victime. La situation devenait franchement inéquitable lorsque l'accident était consécutif à une collision avec une autre automobile. Tandis que le transporteur pouvait obtenir la réparation de la totalité de son dommage sur le fondement de l'article 1384, le passager bénévole, lui, sur la base du même texte, n'avait droit qu'à une réparation partielle.

Après le délibéré, il ne resta rien de mon projet. Il avait été descendu en flammes. J'étais déçu.

A la suspension d'audience, un conseiller, fort de sa longue expérience, homme d'une grande délicatesse, vint vers moi et me dit : « Je comprends votre désappointement, mais la chambre ne saurait renoncer à une jurisprudence qu'elle a si souvent réaffirmée. Le jour où la question sera portée en assemblée plénière [12], nous reconnaîtrons sans doute à la concubine son droit de réparation. »

Ce qui en fait arriva un an plus tard. Une « chambre mixte » proclama le droit à la réparation lorsque le concubinage revêtait un caractère de continuité et de permanence. C'était un très important revirement.

Il serait dangereux pour le corps social que la Cour de cassation, dont l'une des principales missions est d'assurer l'harmonie des jurisprudences, changeât d'opinion à la légère. Elle susciterait l'incertitude chez les juges du fond et les hommes d'affaires. Elle deviendrait une cause d'insécurité dans les relations juridiques. Mais son attachement excessif au précédent est perçu comme un élément contraignant en face des transformations accélérées de notre société.

12. A cette époque, lorsque les chambres de la Cour de cassation devaient se rassembler pour examiner certains pourvois, elles constituaient l' « assemblée générale » ou les « chambres réunies ».

La procédure fut assouplie et simplifiée par la loi du 3 juillet 1967 et, depuis le 1er janvier 1968, date de son entrée en vigueur, les diverses chambres de la Cour de cassation, lorsqu'elles se réunissent pour statuer sur une affaire, ne sont plus représentées que par une partie de leurs membres. Elles siègent alors, selon les cas, en « assemblée plénière » ou en « chambre mixte ».

Difficultés

Lorsque j'ai été appelé à siéger à la Cour suprême, je fréquentais, au titre de mes activités paraprofessionnelles ou extraprofessionnelles, bien des sociologues, des psychologues, des psychiatres, des éducateurs spécialisés dont le langage devenait, dans certaines chapelles, hermétique ou même « spontanéiste ». Aussi la Cour de cassation m'est-elle apparue d'abord comme une sorte d'oasis où la pensée discursive conservait ses droits, où l'on savait garder leur valeur aux liens logiques et cohérents d'un raisonnement.

Mais plus tard je me suis mis à ressentir le poids de nos formules purement conceptuelles. Elles nous écartaient des réalités humaines, sociales, économiques, qui sont cependant la matière même des litiges, le donné de la construction juridique. C'est le risque d'un système qui s'applique à séparer le droit du fait, alors que le mouvement naturel de la pensée tend à la confrontation permanente de la réalité et du concept.

Peut-on pallier ce risque par une réforme de la Cour de cassation qui conduirait à lui confier le pouvoir d'apprécier à la fois le fait et le droit, ou tout au moins à élargir son contrôle sur les circonstances de fait des affaires soumises à son examen? Je ne le pense pas. Le système aboutirait inéluctablement à instaurer un troisième degré de juridiction, autrement dit à transformer la Cour de cassation en une sorte de cour d'appel nationale, devant qui seraient déférées les décisions des cours d'appel de nos provinces.

On se plaint déjà, à bon droit, de l'abondance des pourvois. Que serait-ce si la Cour de cassation jugeait en fait et en droit? Même en quadruplant, pour le moins, ses effectifs, que de nouvelles lenteurs à prévoir, alors qu'on reproche déjà à la justice de n'être pas suffisamment rapide!

Enfin que deviendrait dans cette aventure le rôle capital de régulateur des jurisprudences de la Cour suprême? Il irait vite vers l'inexistence; à coup sûr, l'appréciation du fait l'emporterait sur l'appréciation de la règle de droit, qui irait jusqu'à « onduler » selon les espèces jugées.

Les magistrats qui occupent les postes de la Cour de cassation ont pour la plupart travaillé « sur le tas ». Ils ont des années durant confronté la vie et la loi. Ils demeurent un rempart contre les dangers très sérieux qui apparaîtraient s'ils étaient remplacés par des spécialistes de l'épure, dont la mission se réduirait à des élaborations abstraites d'où les réalités humaines et sociales seraient exclues, car ces technocrates du droit ne les auraient jamais approchées dans leur vie professionnelle.

Avec ces deux dangers — encore hypothétiques — : transformer la Cour de cassation en une nouvelle juridiction d'appel, ou la livrer aux « abstracteurs de quintessence », existe une contrainte bien réelle qui trouve son origine dans les impératifs de la spécialisation des conseillers. On ne peut l'éviter en raison du nombre des pourvois et de la complexité des matières. Mais la spécialisation expose à la longue au dessèchement et à la lassitude.

J'ai eu la chance de rapporter en matière de responsabilité civile, secteur vaste et varié, mais j'aurais moins aimé être celui qui à longueur d'année se penche sur les pourvois en matière de baux ruraux, de cotisations de Sécurité sociale, de contributions indirectes. Il a heureusement pour renouveler ses perspectives l'intérêt qu'il trouve dans les affaires rapportées par ses collègues. Il a dû d'ailleurs les étudier par avance, pour opiner en toute connaissance de cause [13].

P.P.C.

Aucune juridiction ne réunit mieux que la Cour de cassation les éléments qui garantissent l'indépendance de la décision judiciaire.

Les magistrats qui participent à la délibération ne sont jamais moins de sept — c'est le quorum — et, souvent, neuf ou onze... sinon plus... Nul ne se hasarderait à soutenir une thèse aventureuse qui favoriserait injustement ou irrégulièrement une cause. La réprobation serait immédiate et unanime.

Loin des bruits du monde et des éclats du forum, un peu désabusée — tant d'événements tragiques ou sordides ont trouvé devant elle leur épilogue —, la Cour de cassation, grave et appliquée, oppose au tumulte extérieur son immuable sérénité.

Point final du long exercice du métier de juge, la dernière audience ne se termine pas sans une ombre de nostalgie. Mes amis de la Cour de cassation étaient loin de toujours partager ma conception de la vie, de la société, de la magistrature. Peu importait, nous nous

13. Chaque conseiller dispose, quelques jours avant l'audience, de la copie des décisions attaquées, des moyens allégués et des projets d'arrêt.

respections les uns les autres, notre amitié s'était développée dans un monde de raison et d'équilibre, un monde qui sait encore ne pas déprécier l'image de l'« honnête homme » des siècles passés.

CHAPITRE XII

LES JEUNES MAGISTRATS

D'un juge à l'autre

Mon ami R. a eu la sagesse de ne pas céder à l'attraction parisienne, il termine sa carrière comme président de chambre dans une cour d'appel de province.

Quand un magistrat rencontre un autre magistrat, de quoi parlent-ils? De la magistrature.

R. — Que penses-tu des jeunes?

Moi. — Plutôt du bien.

R. — Tu sais comment les apprivoiser, toi? Ils sont hargneux, distants. Ils s'isolent. Dès que l'on a quelques galons, ils se dérobent. Quand nous étions juges suppléants, nos chefs estimaient que nous avions tout à apprendre d'eux, qu'ils exprimaient l'expérience, le savoir... la sagesse! En dépit de toutes les réserves que nous opposions *in petto* à leurs propos, nous ne prenions pas une attitude hérissée.

Moi. — Ils nous écoutaient souvent complaisamment lorsque de nos bouches sortait l'écho de leurs paroles, et pas mal d'entre nous entraient assez bien dans le jeu, il faut le reconnaître... Je conviens cependant que les chefs actuels de la magistrature, plus proches, plus simples, plus compréhensifs, se montrent accessibles aux problèmes des jeunes, et comme toi je ne vois pas pourquoi nos cadets se drapent dans leur dignité quand personne ne veut l'offenser, ni pourquoi ils sont toujours prêts à nous faire des procès d'intention immérités. Je comprends qu'on puisse en souffrir, et j'en souffre comme toi. Mais admets qu'ils ne manquent pas de lucidité et qu'ils voient très vite ce qui ne va pas dans la Maison.

R. — Nous, nous avons été élevés au son du tambour des lycées napoléoniens, et nous avons reçu l'empreinte d'une université où régnait le dogmatisme. Nous n'en étions pas pour autant semblables à une cohorte romaine qui d'un même mouvement levait ses boucliers! Si nous avons vécu sous le principe de l'autorité, nous avons toujours été attachés plus qu'on ne le croit à protéger notre quant-à-soi contre tout impérialisme de la pensée. Alors pourquoi cette cassure? Pourquoi s'éloignent-ils de nous?

Moi. — Ils acceptent mal les références au passé.

Trop de lieux communs au stage, à l'École et dans les juridictions, trop d'assemblées du tribunal stériles ou purement formelles, réunies pour approuver des propositions anodines, les ont précipités dans la défiance. Quand un président bloquait toute discussion, par un impérieux : « La question n'est pas à l'ordre du jour », il leur a fallu du courage pour insister et poser les vrais problèmes.

R. — Pour moi, ils rompent des lances parce qu'ils sont portés par le vent de la contestation. Ils ont été stigmatisés par mai 68, l'Université a crépité de politique. Ils ont eu la révélation des manques et des vices de leurs études. Pris dans le tourbillon, ils ont transposé la contestation dans la justice.

Moi. — Ils ne s'en sont pas privés! Avec quelle raison le père de Certeau a écrit qu'en mai 68 on avait pris la parole comme en 1789 on avait pris la Bastille!

Hors du prétoire, ils se sont livrés à de tumultueuses harangues.

R. — Mai 68 s'éloigne, et la sérénité ne paraît pas s'installer dans leurs rangs.

Moi. — Ils surmontent difficilement les blocages. Ils ont le sentiment que leur génération pénètre dans un monde si nouveau qu'il ne peut que commencer avec elle. Les leçons du passé relèvent alors des vieilles lunes. Ils expriment dans la répudiation de la hiérarchie, pierre angulaire, pensent-ils, d'une organisation « contraignante et aliénante », le conflit des générations.

R. — Mais il y a là de l'irréalisme, il faut un minimum de hiérarchie dans toute société organisée.

Moi. — L'éducation nationale telle qu'elle fut fagotée, et telle qu'elle l'est encore, a entretenu leur irréalisme. Ils sont nés de la solitude des classes pléthoriques, des universités démentielles. Ils n'adhèrent plus à des valeurs que cultivaient leurs pères, rassurantes, sécurisantes, même quand elles étaient ardemment discutées. Ils sont écorchés vifs et pas encore apaisés.

R. — Pas tous quand même!

Moi. — Pas tous, loin de là! Mais ceux qui paraissent systématiques, catégoriques, absolus, n'est-ce pas une cuirasse qu'ils revêtent pour mettre à l'abri leur sensibilité? Pour ne pas se laisser entamer?

R. — Je comparerais volontiers les médecins et les chirurgiens aux magistrats, les uns penchés sur les misères du pauvre corps humain, les autres sur les détresses morales. Les histoires de salle de garde, les plaisanteries macabres, l'esprit carabin sont des réflexes d'autodéfense; ne pas paraître sensible pour ne pas l'être trop, pour rester en mesure de supporter la souffrance et même la désespérance du malade.

Une pointe d'humour, une touche d'ironie, un soupçon de scepticisme ont été souvent des antidotes pour les magistrats plongés dans le drame, le malheur, la violence.

Nos jeunes juges, tendus et rigoureux, n'ont pas trouvé ce refuge contre l'accablement. Pas de sourire pour surmonter les contradictions qui les assaillent...

Moi. — C'est dans les tribunaux que l'on côtoie de plus près la misère du monde, et ce sont les magistrats de la base qui s'y trouvent en première ligne.

R. — N'est-il pas inquiétant de confier à de jeunes hommes tourmentés, et que le bain universitaire a laissés encore assez immatures, des responsabilités judiciaires?

Moi. — Je les trouve sérieux, consciencieux dans leur travail. Ils ne reculent pas devant les tâches très lourdes dont on les charge. Je déplore seulement qu'ils ne soient pas mieux intégrés dans le corps judiciaire avant d'assumer leur autonomie professionnelle. Les substituts, les juges d'instruction, les juges des enfants, parachutés presque de but en blanc dans leurs fonctions, n'ont pas acquis, en l'état du système, une expérience plus qu'indispensable dans une profession qui les engage entièrement. Leurs critiques, souvent justifiées, ne peuvent qu'être exaspérées par les difficultés qu'ils rencontrent à entrer pleinement dans le rôle qu'ils doivent remplir.

R. — La masse des dossiers les absorbe sans qu'ils aient la possibilité de donner la priorité à ce qui est vraiment important. La machine tourne pour la propre satisfaction de la machine. On va au plus vite. On manque de magistrats.

Moi. — Raison de plus pour les bien former.

R. — Dans la magistrature, où tous les niveaux d'âge sont représentés, les anciens ne sont pas forcément stratifiés par le droit. Beaucoup savent écouter et sont animés de réelles aspirations pédagogiques. Encore faudrait-il vouloir les entendre. Des magistrats de grand prestige sont tout prêts à donner de leur temps.

Moi. — Entièrement d'accord. J'ai entendu dire au président Bellet [1] qu'il n'était jamais aussi heureux qu'entouré d'auditeurs de justice [2] et de magistrats nouvellement promus. Avec eux, il a le langage qui convient, il est à même de leur tenir des propos détendus en conservant une grande stature.

R. — Je sais que Pierre Martaguet [3] avait un contact exemplaire avec les « auditeurs » dans ses fonctions de directeur adjoint de l'E.N.M., et on peut en citer bien d'autres.

Moi. — Nous arrivons à la même conclusion : le mot clé, c'est la communication. Il arrive que des présidents de type... paternel soient bien perçus par les jeunes. Je pense à l'un d'eux, un premier président que tu connais bien. Il accueillait, sans scepticisme et sans renfrognement, les « nouveaux » animés d'idées qui n'étaient certes pas les siennes. Mais son désir de compréhension et sa gentillesse naturelle étaient toujours en alerte. Quittant le palais, s'il voyait un rai de lumière sous la

1. Il présidait la 1re chambre de la Cour de cassation. Il est le premier président de cette juridiction depuis le 2 janvier 1978.

2. C'est ainsi que sont appelés les élèves de l'École nationale de la magistrature (E.N.M.).

3. Préside actuellement le tribunal de grande instance de Bordeaux.

porte du cabinet d'un de ses jeunes juges, il frappait discrètement. « Mon cher collègue, n'oubliez pas que votre femme et vos enfants vous attendent. » Son ouverture de cœur et son allure vieille France, toute doublée de sympathie, étaient reçues avec un clin d'œil, un peu amusé peut-être, mais attendri.

R. — Toutes les nuances et toutes les attitudes de la pensée se rencontrent chez les cinq mille magistrats qui peuplent les palais de justice.

Moi. — Mais ce sont les nouvelles générations qui pensent devoir assumer toutes les injustices du monde. Leur impuissance à réduire les inégalités dont ils sont les témoins les rend douloureux.

R. — C'est parce qu'ils les soupesaient quotidiennement, ces inégalités, que bien des juges qui avaient vingt-cinq ans en 1936 ont profondément ressenti les réformes de Léon Blum comme une approche vers une plus grande justice sociale. Ils étaient bien placés pour en constater les avantages. Mais l'idée qu'ils se faisaient de leur profession — à moins qu'on ne les eût façonnés à cette idée — les rendait discrets et dans leurs propos et dans leurs manières. Ils appliquaient les lois nouvelles, conscients de leur bien-fondé, mais estimaient qu'il n'était pas dans leur rôle de brûler les étapes.

Les P.-D.G.

C'est au moment du café que les trois industriels amis de mes hôtes m'entreprirent et que je dus essuyer leurs feux convergents. Ils m'entouraient, m'interrogeaient, mais surtout se défendaient.

— Nous ne sommes pas des criminels!

— Ce sont les honnêtes gens que l'on met maintenant en prison.

— N'importe quel industriel est exposé à sortir de son usine entre deux gendarmes.

— Nous ne pouvons mettre un garde-fou devant chaque imprudent, ni devant chaque ivrogne.

— Nous payons des collaborateurs qui sont plus proches des ouvriers que nous. Leur rôle est de les contrôler : s'il y a accident, ce serait plutôt de leur côté qu'il faudrait rechercher les responsabilités pénales.

S'il en avait été besoin, j'aurais pu vérifier ce jour-là le retentissement dans le monde du patronat de quelques détentions provisoires [4] à la suite d'accidents mortels du travail. Je... comparaissais devant un aréopage véhément qui s'exprimait avec un accent de sincérité que je ne pouvais mettre en doute.

Je n'improvisai pas une défense des... « coupables », en l'occurrence de jeunes juges d'instruction qualifiés de « rouges », mais je tins à faire quelques mises au point juridiques.

D'abord, étrange phénomène, on laisserait croire qu'en 1975 on a arrêté pour la première fois des patrons accusés de délits d'homicide involontaire, alors que des mesures de détention ont été prises dans le passé, à juste titre et sans susciter de tempêtes, envers des employeurs, qu'ils fussent ou non P.-D.G. [5]. Mais une orchestration

4. Notamment, en 1975, les affaires Chapron à Béthune, Planche à Moulins, Louazel à Rennes.

5. En 1975 dans le *seul* domaine des accidents du travail relevant du régime général de la Sécurité sociale, 1 986 décès ont été enregistrés (auxquels s'ajoutent 1 309 accidents mortels de trajet qui bénéficient, eux aussi, de la législation sur les accidents du travail). A ces décès il faudrait joindre

étonnante de propos — sans doute excessifs et maladroits —, provoqua des interprétations politisées. Propos diffusés et amplifiés par les *media,* qui ont laissé supposer qu'il s'agissait d'une stigmatisation par la justice d'une certaine classe sociale, ce qui est faux.

Un accident du travail, mortel ou non, n'est pas toujours exclusif d'une faute de l'employeur, faute qui donne à l'accident un caractère pénal. C'est le délit de blessure ou d'homicide involontaire.

Le juge d'instruction ne peut recourir à la détention provisoire « qu'en raison, dit la loi, des nécessités de l'instruction et à titre de mesure de sûreté ».

Dans quels cas la loi autorise-t-elle le juge d'instruction à recourir à la détention provisoire? Par exemple, si elle est « l'unique moyen de conserver les preuves ou les indices matériels » ou d' « empêcher des pressions sur les témoins », quand elle s'impose « pour préserver l'ordre public du trouble causé par l'infraction ou pour protéger l'inculpé ».

Mes interlocuteurs connaissaient suffisamment les mécanismes des entreprises, leurs rouages, l'ambiance de bon nombre d'entre elles, les manœuvres susceptibles d'y prendre naissance, pour que je n'eusse pas besoin de préciser davantage et d'expliquer comment un employeur pourrait mettre à profit sa liberté pour faire disparaître des éléments de preuve, ou user d'intimidation, de ruse, aussi, pour circonvenir des témoins qui sont souvent ses

---

ceux consécutifs aux accidents du travail relevant des régimes des mines, des charbonnages, de l'E.G.F., de la S.N.C.F. et autres régimes spéciaux, ainsi que les décès d'ouvriers agricoles. *Liaisons sociales,* n° 4551, du 16 août 1977.

propres employés, manœuvrant et biaisant ainsi ni plus ni moins que beaucoup d'autres inculpés.

Ils tinrent bon sur un point cependant : par la délégation de ses pouvoirs à l'un de ses collaborateurs, le P.-D.G. se dégage de sa responsabilité.

A quoi je rétorquai que le patron qui déclare : « Je ne peux pas tout voir, je ne peux pas tout contrôler », s'abrite bien souvent derrière une piètre argumentation. Les responsabilités, même pénales, au plus haut niveau ont leur raison d'être. Leur justification est à la fois juridique et morale. C'est à cet échelon que sont décidées entre autres des mesures générales de sécurité et débloqués les crédits suffisants pour y faire face.

Je convins toutefois que dans de vastes sociétés compartimentées en établissements, le P.-D.G. ne peut tout contrôler, et il est des types de fautes pénales qui doivent être recherchées au niveau même de l'établissement, en la personne du collaborateur qui a reçu une délégation de pouvoir.

Enfin — à toute chose malheur est bon —, il fallut bien reconnaître que jamais les bureaux « Veritas », les ingénieurs conseils spécialisés dans les problèmes de la sécurité des travailleurs, n'ont été sollicités avec autant de hâte que depuis le moment où des détentions provisoires ont connu une notoriété tapageuse, ce que je soulignai — non sans perfidie — bien que l'argument fût dépourvu de toute consistance juridique.

La vocation

La vocation? Serait-ce un mot frappé d'interdit?

J'aurais pu en être convaincu au cours d'une rencontre

avec de jeunes hommes et jeunes femmes frais émoulus de l'E.N.M.

Il se trouvait qu'aucun d'eux n'avait été dans son enfance en contact avec le monde judiciaire par un parent ou un proche. Pourquoi avaient-ils suivi cette voie?

Conversation avec un camarade, consultation de la liste des concours possibles pour un licencié en droit, recherche d'un job convenable, ou toute autre circonstance fortuite.

Ayant longtemps macéré dans un cercle purement universitaire, mais ignorant tout des servitudes de la fonction de magistrat, ils n'avaient pas été préparés à les comprendre, encore moins à les accepter. Tout à fait prêts, cependant, à les critiquer, conformes en cela à la ligne générale de leur génération.

Intéressés par l'occasion de pénétrer les ressorts des conduites humaines, convaincus d'arriver devant le mur de l'injustice, décidés à le franchir..., à la fois innocents et batailleurs... Qu'ils se soient précipités généreusement dans la défense des droits de la personne en protégeant les malchanceux, les mal lotis, les exclus, n'était pas pour me déplaire. Mais chacun avait sa manière bien personnelle de concevoir l'art d'être juste.

Ceux que j'avais en face de moi — ceux-là en tout cas —, hantés par l'omnipotence de l'État à travers ses administrations tatillonnes, ses réglementations tracassières, ses bureaux où règne l'ordinateur, ses polices inquisitoriales, se montrèrent pointilleux lorsque j'évoquai parmi les missions de la justice celles qui tiennent à l'ordre public et à la défense de la société institutionnalisée.

L'expérience m'a appris, il est vrai, que ces notions,

cependant fondamentales, à côté d'éléments des plus impératifs, en comportent d'autres, fallacieux ou équivoques. Et l'on ne saurait les accepter que sous bénéfice d'inventaire. Ici, l'intérêt général se perd dans les méandres des intérêts particuliers. Là, un service public accable ses usagers du poids de sa bureaucratie. Là encore, tout se règle selon des processus technocratiques; du citoyen on n'en a cure, et cependant c'est lui qui, en démocratie, s'est doté des institutions. N'est-il pas, également, mis entre parenthèses lors de certains affrontements qui opposent le pouvoir de l'État à des groupements socio-professionnels ou autres et à leurs appareils?

Il me parut évident qu'il n'était pas suffisant de donner aux futurs candidats à l'E.N.M. une connaissance du programme d'entrée et de les préparer aux épreuves du concours. Il serait opportun de les initier sommairement aux obligations de la profession, puis, à l'École, de dispenser aux auditeurs de justice un enseignement vivant de déontologie. (Il est vrai que cette école éprouve les plus grandes difficultés à trouver son régime de croisière et que rien n'a été fait dans ses structures, son fonctionnement et ses programmes pour lui permettre d'y parvenir avec aisance.)

Et puis la déontologie de la profession ne devrait-elle pas avoir sa place, à partir de cas vécus par les sessionnaires, dans les rassemblements destinés à leur formation en cours d'emploi? Telle la membrure d'un navire, elle les soutiendrait dans le franchissement des caps difficiles.

Les jeunes gens avec lesquels je m'entretenais avaient, quelques jours auparavant, prêté serment devant la Cour d'appel[6]. « Je jure de bien et fidèlement remplir mes fonctions, de garder religieusement le secret des délibérations et de me conduire en tout comme un digne et loyal magistrat. »

Ce serment une fois prêté dans la bousculade d'un début d'audience, les nouveaux magistrats, dûment assermentés, allaient devoir rejoindre les postes qui leur étaient dévolus. Ils auraient à combler par leur présence et leur ardeur au travail des « vides » prolongés de façon insolite. C'est par le procédé de la « vacance » qui s'éternise que le ministre des Finances... pense peut-être équilibrer le budget de l'État. Il n'y a pas de petites économies.

Différer ainsi une nomination, c'est procurer au tout fraîchement nommé à ce poste le plaisir de découvrir à son arrivée un monceau de dossiers en attente, retard qu'il devra combler au plus vite avec sa toute jeunette compétence.

Nous n'en sommes plus à la nuit solennelle de méditation que vivait l'écuyer qui allait être armé chevalier! Mais c'est trop souvent dans le train qui le conduit au siège de la cour d'appel ou en buvant un café au buffet de la gare que le nouveau promu pense à cette première « formalité » de ses fonctions.

S'était-il arrêté à d'autres dispositions du statut pour y réfléchir avant de s'engager dans la carrière? Par exemple, à l'article 10, « toute manifestation d'hostilité

6. Figurant sous l'article 6 du statut de la magistrature (22 décembre 1958).

au principe ou à la forme du gouvernement de la République est interdite aux magistrats, de même que toute démonstration de nature politique incompatible avec la réserve que leur imposent leurs fonctions »? Ou, toujours à l'article 10, à l'interdiction de « toute action concertée de nature à arrêter ou entraver le fonctionnement des juridictions [7] »?

Faut-il penser, comme Jean Paulhan, que « tout a été dit. Sans doute. Si les mots n'avaient changé de sens; et les sens, de mots »?

7. L'intérêt général commande aux services hospitaliers de ne pas s'interrompre dans l'accueil des malades et la dispense des soins, aux services de police de poursuivre sans désemparer la recherche des criminels, aux pompiers de se tenir toujours prêts à maîtriser les incendies.

Le service public de la justice en raison de la nécessité de sa continuité ne peut s'arrêter de fonctionner. Mais le statut de la magistrature interdit encore aux magistrats d' « entraver le fonctionnement des juridictions ». Cette notion d' « entrave » ne peut qu'être interprétée libéralement. Une interprétation draconienne dépouillerait le syndicalisme judiciaire de sa portée. Et puisque par notre Constitution de 1958 l'autorité judiciaire n'est plus un pouvoir de l'État, il faut reconnaître aux magistrats le droit syndical; c'est ce qu'a fait le Conseil d'État.

Si un syndicat de juges a ses limites, il ne saurait cependant, par défaut de moyens d'action, devenir insignifiant.

L'action syndicale des magistrats a tendu avant tout à défendre les intérêts *moraux* dont l'autorité judiciaire a la charge, l'indépendance de la magistrature, la qualité de la notation des juges, les réformes indispensables pour une justice meilleure et plus égale, les droits de la personne...

CHAPITRE XIII

LES FEMMES MAGISTRATS

Le 5 avril 1946, à l'unanimité, sans débats, et devant des travées quasiment vides, les membres de l'Assemblée nationale constituante décident que les femmes pourront accéder à la magistrature [1].

La femme est l'égale de l'homme, c'est bien connu (je les trouverais plutôt pour ma part — que Gisèle Halimi me pardonne — l'un et l'autre merveilleusement complémentaires).

Elle devint un peu plus encore son égale, le 21 février 1901, quand le président Magnaud, célèbre pour l'humanité de ses décisions et ses options sociales, accueillit au tribunal de Château-Thierry Mlle Chauvin, première femme admise comme avocat par le barreau de Paris. « Une loi vous a conféré le droit de plaider à cette barre..., le tribunal de Château-Thierry y a applaudi. Et il applaudira très énergiquement à toute mesure qui sera de nature à émanciper la femme. C'est pourquoi j'ai l'espoir qu'une loi prochaine basée sur l'égalité des sexes viendra, qui fera siéger comme juges dans les tribunaux ordinaires les femmes [2]... »

1. Loi du 11 avril 1946.
2. Propos rappelés par le premier président Marcel Rousselet dans son *Histoire de la magistrature*, déjà cité.

La loi est venue... quarante-cinq ans plus tard.

Les compagnes de Thémis

En dépit de l'exemple prestigieux de Mme Lagarde, née Becquignon, professeur de droit à la faculté de Rennes, qui fut nommée d'emblée à la Cour de cassation dès octobre 1946, les femmes firent une entrée discrète dans la magistrature. Mais, depuis une dizaine d'années, elles s'y engouffrent littéralement, aussi bien par la voie du concours de l'École nationale que par celle du recrutement latéral. Les dernières promotions d'auditeurs de l'E.N.M. comptent autant de femmes que d'hommes.

Des femmes s'illustrent dans le corps judiciaire aussi bien par la vigueur de leur pensée que par une sensibilité parfaitement contrôlée. La délicatesse et le sens des nuances sont des atouts majeurs dans cette profession, et de ces qualités les femmes sont heureusement pourvues.

Les exemples ne manquent pas : Mme Simone Rozès préside le tribunal de grande instance le plus important de France, celui de Paris. Mme Denise Remuzon, premier juge des enfants à Paris, est membre du Conseil supérieur de la magistrature. Je pourrais citer bien d'autres noms encore, sans omettre celui de Mme Simone Veil qui, magistrat de carrière, assume actuellement les importantes responsabilités du ministère de la Santé et de la Famille.

Les femmes, juges des enfants

Certains postes de la magistrature conviennent-ils mieux que d'autres aux femmes?

Là je fais amende honorable — sur un point en tout cas — en me remémorant le précédent chapitre, où je mettais en doute la réalité de la vocation de certains jeunes magistrats.

J'ai l'occasion d'interroger les étudiants de Paris II de quatrième année de licence en droit, en matière de criminologie juvénile. Je m'informe toujours auprès d'eux (mais seulement après avoir définitivement inscrit leur note) sur les carrières auxquelles ils se destinent. Pour les jeunes filles, en tête, et de loin, la magistrature, en second le commissariat de police puis, à égalité, le barreau et les activités sociales.

Aux étudiantes qui expriment le désir d'affronter le concours de l'E.N.M., si je demande quels postes auraient leur préférence dans le corps judiciaire, j'obtiens une réponse presque unanime : juge des enfants. Mes étudiantes ayant choisi parmi les matières à option la criminologie juvénile, c'est assez normal.

Notre dialogue prend alors en général la tournure suivante :

— Pourquoi voulez-vous être juge des enfants?

Réponses variées, souvent simplettes :

« Parce que j'aime les enfants. »

« Parce que je veux avoir une activité de dévouement. »

« Parce que j'ai visité un club de prévention. »

Réponse chargée d'intentions :

« Parce que j'ai lu *Chiens perdus sans collier...* »

Et réponse plus lourdement chargée encore :

« Parce que j'ai lu votre livre sur l'enfance délinquante... »

D'autres réactions surprennent par leur caractère discriminatoire :

« Parce qu'une femme a plus de cœur qu'un homme. »

Plus élaborées et plus réfléchies :

« Parce que le magistrat de la jeunesse cherche toujours à comprendre, et qu'une femme est à même de comprendre un enfant. »

Oui, bien sûr, il faut essayer de comprendre. Mais c'est une résistance nerveuse sans faille qui est nécessaire au juge des enfants, « enfants » qui sont surtout de grands adolescents, très difficiles et souvent engagés, déjà, dans l'asocialité.

Dans son cabinet défilent des êtres en état de crise. Il faut souvent maîtriser toute une famille et savoir l'orienter vers des formes de vie différentes. Les parents ne reçoivent ni ne suivent toujours bien les conseils. L'agressivité, la grossièreté, l'intimidation ne sont pas exclues de leurs propos.

Une jeune femme a-t-elle la stature pour y faire face? N'est-ce pas trop lui demander que de vivre dans un état de tension constante? Convenons qu'elle n'est pas tout à fait l'égale de l'homme dans les épreuves de force.

Si les juges — au féminin — sont en général bien perçues par les jeunes qui leur sont déférés, l'image du père, l'*imago*, diraient les psychologues des profondeurs, image — traditionnellement reconnue — de solidité et de fermeté correspond mieux aux besoins d'un adolescent.

Le bon choix

Du matin au soir, la longue présence à son cabinet, les multiples réunions, techniques, administratives, sociales, font presque partout du juge des enfants un magistrat submergé.

Submergés aussi dans toutes les circonscriptions judiciaires importantes, les juges d'instruction, les juges aux affaires matrimoniales, les substituts.

Se marier, avoir des enfants, voilà un souhait bien légitime pour une jeune femme. Mais le soir, dans son foyer, accablée par les drames de la vie des autres, avec le sentiment de porter sur ses épaules la réussite ou l'échec de décisions majeures, sera-t-elle dans les dispositions d'esprit qui créent un bon climat pour régler sa propre vie familiale?

Il faudra bien un jour aménager les horaires de travail des femmes chargées de telles responsabilités. Tiraillées entre leur vie professionnelle et leurs devoirs de mères de famille, elles deviendraient les héroïnes — ou les victimes — des temps modernes.

La difficulté d'adapter ces deux aspects de sa vie peut même inquiéter gravement une femme magistrat de la jeunesse. Elle sait mieux que quiconque, car elle en voit chaque jour les effets, ce qui peut être brisé chez un jeune enfant privé de la vigilance et du rayonnement de sa mère.

Les prévisions des services sont fixées bien à l'avance dans l'engrenage judiciaire. Pensons aux convocations des prévenus, des témoins, des policiers, des gendarmes pour les audiences, pour les instructions, pour les comparutions. Les « rôles » une fois établis demeurent inchangeables. Aussi, quand une jeune épousée annonce, ravie et rougissante, à son président qu'elle attend prochainement un bébé — et qui ne pourrait s'en réjouir? — c'est un beau tohu-bohu à prévoir dans les services. Il y a de grandes chances pour que personne ne vienne remplacer temporairement dans son poste la jeune mère. Quatre mois, parfois cinq mois d'absence, c'est lourd pour la bonne marche du tribunal. Ceux qui restent vont assurer, en plus de leur propre service, celui de leur collègue et mettront les bouchées doubles. La justice travaillera dans la bousculade.

Nous en revenons à un problème d'effectifs.

Certains postes conviennent-ils mieux aux femmes?

Les juges au siège, les juges d'instance ont des emplois du temps qui leur permettent d'accomplir chez eux une partie importante de leur travail, rédaction des jugements, préparation des audiences. Tels les professeurs, nos collègues femmes auront alors le loisir de s'occuper de leur famille.

Être « civiliste [3] », ce n'est pas s'éloigner tellement du sociologique et du psychologique. L'esprit analytique féminin s'accommode très bien à débrouiller les écheveaux des affaires civiles et, si elles restent ainsi un peu plus à l'écart des tempêtes de la vie, leur équilibre et leur sérénité n'en sont que mieux protégés.

3. Spécialisé dans les affaires civiles.

Les ménages

Et les ménages de magistrats? Ils posent problème.

Les deux époux éloignés, problème familial. Les deux époux, dans la même ville, problème professionnel ou déontologique. Il est évident que le mari et la femme ne peuvent siéger comme juges dans la même affaire. Mais Monsieur peut être substitut et Madame juge, à condition de ne pas participer aux mêmes audiences.

Pourront-ils cependant agréablement cohabiter au foyer sans que des fantasmes les envahissent?

Ont-ils de la chose judiciaire la même optique?

Seront-ils nommés ensemble « en avancement », comme on dit?

Si l'un des deux est privilégié, seront-ils à nouveau séparés?

Comment l'autre percevra-t-il cette nomination...?

Seront-ils toujours en compétition, en concurrence?

Je me surprends à plaindre le directeur des services judiciaires au ministère de la Justice devant ces casse-tête chinois.

Faudrait-il prévoir les doléances du justiciable mécontent de la décision de l'épouse, inspirée, dira-t-il, par le mari, à moins que ce ne soit de celle du mari, dictée, d'après lui, par l'épouse? Ne sera-t-il pas prêt à crier à la collusion, à la connivence?

Mais on a le loisir d'envisager une fresque plus sereine : un ménage faisant régner la loi et le droit pour le plus grand bien de la cité! Et pourquoi pas un fils substitut et sa mère juge d'instance, au bénéfice du recrutement latéral? Saint Louis et Blanche de Castille...

Je tiens en haute considération nos collègues femmes. Elles ont grandement contribué à mettre en valeur les problèmes sociaux et familiaux qui se posent à la justice.

Et je suis tout le contraire d'un antiféministe. Aussi, je laisse à Mme de Staël, et à elle seule, la responsabilité de cette citation tirée de son livre *De l'Allemagne :* « On a raison d'exclure les femmes des affaires publiques et civiles; rien n'est plus opposé à leur vocation naturelle que tout ce qui leur donnerait des rapports de rivalité avec les hommes, et la gloire elle-même ne saurait être pour une femme qu'un deuil éclatant du bonheur. »

Statistiques

Une toute récente étude statistique établie par l'E.N.M. sous la direction de L. Claustres, chef du Bureau des recherches, est consacrée à la « féminisation de la magistrature ». Voici quelques chiffres parmi les plus significatifs.

— Tandis qu'en 1959, 116 femmes s'étaient présentées au concours d'entrée à l'E.N.M. (qui était alors appelée le Centre national d'études judiciaires) et que 9 étaient admises, en 1975, 632 se présentaient au concours et 124 étaient admises.

— En 1976, ce sont 832 femmes qui sont candidates et 132 admises. Pour la même année, on a compté 637 candidats hommes et, parmi eux, 123 ont été admis. Ainsi, sur les bancs de l'École, les femmes sont devenues majoritaires, représentant un pourcentage de 51,76 %.

— Au 1er janvier 1972, 441 femmes étaient magistrats. Elles représentaient 10,40 % du corps judiciaire.

— Au 1er janvier 1976, elles étaient 704, représentant 15,29 % du corps.

La moyenne de la progression au cours de ces dernières années a été de 2 % environ par an. Si elle se maintient, « on peut raisonnablement penser, déclare L. Claustres, que dans dix ans la féminisation de la magistrature aura atteint de 35 à 40 % ». L'avenir nous dira si une féminisation aussi considérable et aussi rapide ne présente pas des inconvénients pour le corps judiciaire, pour les justiciables, pour les femmes elles-mêmes.

Il m'était donc apparu utile de disposer... des « clignotants ».

Les femmes parlementaires se plaignent que les états-majors de leurs partis les parachutent dans des circonscriptions électorales où leurs chances de succès sont minces. Les femmes magistrats ne sauraient faire ce reproche à l'autorité judiciaire qui, elle, s'est montrée accueillante, féministe à souhait et plutôt débonnaire.

Si, d'un mot, nous revenons à l'étude établie par l'E.N.M., observons que les préférences des femmes, au fil des années, vont plus aux postes du siège qu'à ceux du parquet. Au siège, elles se dirigent volontiers vers les postes de juges dans les tribunaux de grande instance et de juges dans les tribunaux d'instance, ce qui, pour les raisons que j'ai indiquées, me paraît une bonne orientation. Elles sont moins attirées par les postes de juge d'instruction, et, à mon avis, c'est encore satisfaisant.

Par contre, en 1975, 22 postes de juges des enfants étaient offerts à la sortie de l'école. Ils ont été sollicités par environ deux fois plus de femmes que d'hommes. Le pourcentage des femmes dans ce choix était, pour la même année, de 63,63 %, ce qui n'est pas sans être quelque peu préoccupant, et j'ai déjà dit pourquoi. Sans doute L. Claustres observe que « la femme semble poussée vers cette fonction par sa vocation maternelle ». Mais cette vocation, si elle dispose une femme à l'ouverture du cœur, ne garantit nullement qu'elle sera un bon juge des enfants.

Il serait temps que de meilleurs équilibres s'opèrent.

CHAPITRE XIV

SUR LES CHEMINS D'UN NOUVEL HUMANISME JUDICIAIRE

Rencontre

J'ai connu le président Marc Ancel peu de temps après la guerre. Il était vice-président au tribunal de Paris, et moi-même juge des enfants.

Ses travaux dans les domaines du droit comparé et de la science criminelle lui avaient déjà conféré une audience internationale. Il était animé de la volonté de concourir à la transformation de la justice pénale et convaincu que les sciences humaines devaient jouer un rôle important dans cette évolution. Défenseur d'idées nouvelles en droit pénal et en droit civil, il appuyait sa réflexion sur une vaste connaissance des systèmes juridiques étrangers. Il avait conscience qu'il existait dans la magistrature française une tradition humaniste qu'il fallait, non pas récuser, mais sauvegarder et rénover. Il considérait avec intérêt les expériences auxquelles j'étais étroitement associé dans le secteur de la justice des mineurs; il voyait là un creuset où se formeraient bien des conceptions neuves, propres à inspirer la justice pénale et même la justice civile.

Ensemble nous avons défendu en France et à l'étranger les mêmes idées. Prises à partie par des intégristes du droit, elles ont dans leur ensemble reçu l'accord des personnalités les plus compétentes dans le monde; certains de leurs premiers détracteurs les ont rejointes, même s'ils y sont arrivés par des chemins détournés [1].

Tout justiciable est une personne

La société actuelle nous habitue à appréhender sa réalité à partir des groupes qui la constituent, des collectivités qui l'animent, des forces qui la parcourent, des ensembles institutionnels, économiques, sociaux qui la soutiennent. Elle conditionne et façonne l'homme, tout en lui dispensant protection et sécurité.

Mais, à cet homme, il incombe de se défendre contre la massification, contre l'envahissement des normes techniques et même contre les débordements des statistiques, des indices et des tests. Il se défend d'autant mieux que lui sont prodigués les égards auxquels il a droit.

C'est de ce côté que l'on découvre l'humanisme, « ce culte de tout ce qui est de l'homme », pour reprendre un mot de Renan. Et dans cette recherche se dessinent, parmi d'autres, les perspectives d'un nouvel humanisme judiciaire. Le juge veille à ce que les droits de la personne soient reconnus et sauvegardés dans toute instance. Il les protège lui-même en respectant dans son intervention un ensemble de garanties, dont les plus

1. Marc Ancel devait écrire un ouvrage d'un grand retentissement, *la Défense sociale nouvelle,* connu des pénalistes et des criminologues du monde entier. Président de la Société internationale de défense sociale, il a créé le Centre de recherches de politique criminelle. Il est membre de l'Institut et président de chambre honoraire à la Cour de cassation.

fondamentales sont la soumission à la légalité, l'exigence de la preuve, le caractère contradictoire du débat, le respect des droits de la défense, une rigoureuse indépendance dans la fonction juridictionnelle.

Mais il faut aller plus loin encore et voir dans chaque justiciable un être singulier, original, ayant son existence propre.

Engageons-nous donc dans les voies nouvelles de la justice pénale et de la justice civile.

I

LES MUTATIONS NÉCESSAIRES DE LA JUSTICE PÉNALE

Le délinquant, réalité vivante — sa personnalité

La majorité des délinquants ne justifie pas une étude approfondie de personnalité : mais il en est pour qui des investigations « bio-psychologiques et sociales » sont rigoureusement indispensables.

Pour ceux-ci il faut pouvoir établir une sorte de bilan, évaluer leur « dangerosité », apprécier leur devenir social et humain. C'est, pour le juge pénal, fondamental. Il n'y arrive réellement qu'en s'appliquant à saisir le dynamisme de leurs pulsions, le mouvement de leurs tendances, en découvrant les effets de carences éducatives et de frustrations affectives, en percevant ce qui les stimule et ce qui les accable, en prenant en considération leurs aptitudes et leurs virtualités, en soupesant leurs chances de succès ou d'échec.

En bref, c'est un regard existentiel qu'il faut diriger sur l'homme. Pendant trop longtemps, à l'attitude conventionnelle du juge correspondit l'attitude, non moins conventionnelle, du délinquant. Chacun tenait un rôle, celui qui lui était distribué par la société. Discussions infécondes — souvent métaphysiques — sur le « degré » de responsabilité. Fictions juridiques procédant d'un seul raisonnement *in abstracto*. Interrogatoires purement formels de certains présidents d'assises ou de correctionnelle.

On prend vite conscience qu'à tant d'abstraction doit se substituer une étude sérieuse et positive de la personnalité du délinquant. Elle suppose la collaboration d'une équipe médico-psycho-sociale.

La 16e chambre correctionnelle — que je présidais — avait prescrit en 1956 une expertise de personnalité concernant un récidiviste passible de la relégation. Nous voulions être éclairés sur sa « dangerosité ». L'expertise fut confiée au professeur Heuyer. Des critiques s'élevèrent. Une telle expertise n'était mentionnée dans aucun texte législatif. Le professeur Georges Levasseur prit la défense de notre jugement et réfuta les attaques qu'il avait suscitées.

Quelques mois plus tard, le législateur introduisit expressément l'enquête de personnalité et l'examen médico-psychologique dans le Code de procédure pénale [2].

La simple honnêteté impose que, pour prendre des décisions engageant la liberté ou la vie d'un délinquant, le juge sache qui il est réellement. Sans cette connaissance, comment pourrait-il appliquer la sanction la mieux appropriée?

2. Article 81 du Code de procédure pénale.

Mais des difficultés d'ordre procédural surgissent, il ne faut pas se le dissimuler, de par l'introduction de l'étude de la personnalité dans l'instruction du procès pénal.

Il n'est pas dans mon propos de les détailler, mais deux d'entre elles sont cependant à relever.

Le flagrant délit et la cour d'assises

La première est relative à la procédure du flagrant délit : un délinquant est arrêté, pris sur le fait, ou venant tout juste de commettre l'infraction. Il peut être immédiatement jugé.

Procédure commode et expéditive, mais qui ne permet pas de toujours faire assurer normalement sa défense, et qui rend quasiment impossible toute approche de sa personnalité. Elle ne devrait être utilisée que pour juger des infractions très banales. C'est loin d'être toujours le cas.

Difficulté encore, en ce qui concerne la cour d'assises.

Nous sommes en France attachés à l'institution du jury — constitué de neuf jurés, qui, avec trois magistrats professionnels sont appelés à juger les crimes. L'institution est satisfaisante dans la mesure où il s'agit avant tout de déclarer l'innocence ou la culpabilité d'un accusé et, s'il est reconnu coupable, de prononcer à son encontre une peine strictement rétributive, proportionnée à la gravité du crime. L'instruction s'est largement développée à la barre. Le jury a en général une bonne information des faits. Il est apte à les apprécier en toute connaissance de cause.

On a dit parfois que les jurés subiraient l'influence du

président des assises. Affirmation excessive. La majorité des présidents d'assises, dans la conduite des débats et dans le délibéré, ont le respect de la décision populaire et ils s'interdisent de tenter de peser sur elle.

Si, à notre époque, une influence devait être redoutée, ce serait plutôt celle de la presse et des *media,* qui n'hésitent pas à livrer au public des opinions toutes personnelles, souvent mal étayées par manque de connaissance du dossier, et à prendre position sur une affaire qui va être jugée ou dont les débats sont en cours. Les jurés risquent d'être troublés dans leur conscience ou de se trouver progressivement conditionnés par les injonctions incantatoires de certains de ces pseudo-avocats ou procureurs abusifs. Et ce n'est pas aux chroniqueurs judiciaires chevronnés et aux autres journalistes de qualité que je pense, mais à ceux dont la virulence est exactement proportionnée à l'incompétence. Voilà une situation qui vaut bien que l'on y réfléchisse en toute objectivité.

C'est sur le choix de la sanction que je pose des questions.

Les jurés sont-ils qualifiés — la culpabilité du criminel étant établie — pour se prononcer sur des problèmes de personnalité qui supposent des connaissances spéciales dans l'appréciation des résultats des investigations médicales, psychologiques, sociales qui ont été révélées devant eux? Faut-il souhaiter que l'on adjoigne au jury des spécialistes des sciences humaines qui lui indiqueraient le type de mesure approprié à la personnalité de l'accusé? Certains juristes marquent une préférence — parmi eux le président Marc Ancel — pour une césure du procès inspirée de la procédure anglaise, où tout procès criminel comporte deux phases distinctes, celle de la « conviction », où la justice statue sur la culpabilité de l'accusé, celle de la « sentence » où elle se prononce sur la sanction.

Le jury assumerait, avec les magistrats, la première phase. La seconde phase pourrait être confiée aux seuls magistrats qui, d'après la décision prise sur la culpabilité, décideraient de la nature de la sanction. Au cas où l'étude de la personnalité du criminel effectuée au cours de l'instruction révélerait des lacunes, ils solliciteraient l'avis de spécialistes, psychiatres, biologistes, psychologues, etc.

L'individualisation

En 1898, le professeur Saleilles publiait — déjà — un ouvrage sur l'individualisation de la peine.

Et cependant l'opinion commune reste toujours convaincue de la valeur quasiment sacrée dans son archaïsme du barème, du tarif. A tel fait doit correspondre telle sanction. La conscience publique soupèse même avec précision le poids de la faute. « Ça vaut tant d'années de prison. » Moins, elle s'indigne, plus, elle s'indigne.

« Cinq ans? — C'est trop. » « Trois ans? — Ce n'est pas assez. » Voilà qui est simple, et même simpliste.

Parmi les auteurs de crimes présentant la même gravité, on trouve ceux qui jamais ne récidiveront ni même n'exécuteront le plus petit délit : des délinquants purement occasionnels. D'autres sont des récidivistes en puissance. Il faut bien les différencier. Ne pas rendre prématurément à la société des gens éminemment dangereux, mais ne pas remplir les prisons de ceux qui, suffisamment intimidés par des sanctions plus légères, pourraient sans dommage la rejoindre. Prononcer aussi envers certains délinquants des mesures appropriées qui permettront de leur dispenser un traitement médico-psychologique, une ergothérapie, une formation professionnelle...

L'erreur de jugement de l'opinion vient du fait qu'elle assimile absolument l'auteur à son acte. Les actes peuvent se ressembler et non leurs auteurs, et c'est en prenant conscience de tout ce qui distingue un délinquant d'un autre que l'on administrera efficacement la justice pénale.

Nous en revenons à cette idée de l'utilité des investigations médico-psychologiques et sociales. C'est la condition de toute individualisation de la sanction.

De ce qui existe à ce qui manque

Le Code de procédure pénale de 1957-1958 comporte d'heureuses innovations, dont certaines tendent à moderniser le régime des sanctions :

— La mise à l'épreuve,

— l'institution du juge de l'application des peines.

La mise à l'épreuve

Si le tribunal correctionnel inflige à un prévenu une condamnation d'emprisonnement assortie du sursis, il peut le mettre « sous épreuve ». C'est une mesure depuis longtemps bien connue des législations anglo-saxonnes sous le nom de « probation ».

On peut déplorer que le législateur français l'ait introduite par la porte étroite — en la liant au prononcé du sursis à l'emprisonnement. Telle quelle, elle représente cependant un sérieux progrès. Le « probationnaire » est placé sous le contrôle d'un « agent de probation », qui veille à ce que soient respectées les obligations imposées, les unes par la loi, les autres par le jugement : répondre aux convocations du juge, le tenir au courant des déplacements, respecter certaines obligations relatives à l'activité professionnelle, à l'apprentissage, à la fréquentation d'un dispensaire ou d'un service de désintoxication, réparer le dommage causé à la victime. Et aussi respecter des interdictions variées : non-fréquentation des débits de boisson, des champs de course, des salles de jeu, cessation de certaines relations...

L'agent de probation, travailleur socio-éducatif, dispense également une assistance ayant pour objet « de susciter et de seconder des efforts en vue du redressement social, et notamment de la réadaptation sociale et professionnelle du probationnaire ».

Mais en cas de récidive, ou d'inobservation des obligations imposées, la peine d'emprisonnement peut être exécutée.

Le juge de l'application des peines

Le juge de l'application des peines — le J.A.P. — contrôle l'exécution des sanctions pénales qui ont pour effet de priver un condamné de sa liberté ou qui la limitent (mise à l'épreuve).

Lorsque, en 1960, le J.A.P. est apparu sur la scène

judiciaire, il a immédiatement fait l'objet de critiques assez proches de celles qui, quinze ans auparavant, déferlaient sur le juge des enfants.

Certains juristes ne se résignent pas à voir la justice prendre en charge des problèmes de relations humaines et assumer des responsabilités dans le secteur du travail social.

Un petit nombre de fonctionnaires des services pénitentiaires considèrent ce juge comme le personnage susceptible de contrecarrer la toute-puissance administrative. Et il est vrai que le J.A.P. exerce certaines de ses fonctions dans les prisons. Il détermine « pour chaque condamné les principales modalités de son traitement pénitentiaire, en accordant notamment le placement à l'extérieur, la semi-liberté et les permissions de sortir [3] ». Il peut aussi, pour des motifs graves d'ordre médical, familial, professionnel ou social, suspendre provisoirement l'exécution d'une peine d'emprisonnement ou la fractionner. Il peut aussi « prendre l'initiative de faire établir une proposition de libération conditionnelle [4] », qu'il accorde lui-même, après avis de la commission des peines, lorsque la durée de la détention n'excède pas trois années.

Assisté d'un comité, il préside à l'exécution de la mise à l'épreuve, dirige l'activité des agents de probation, modifie, s'il le faut, par voie de décision, les obligations spéciales imposées au probationnaire par le jugement. Il a la direction et la surveillance des mesures d'assistance

3. Art. 722 du Code de procédure pénale.

4. La libération conditionnelle s'analyse en une réduction de la peine d'emprisonnement, dont bénéficient les condamnés « qui ont donné des preuves suffisantes de bonne conduite et présentent des gages sérieux de réadaptation sociale ».

et de contrôle dont font l'objet les condamnés ayant bénéficié d'une libération conditionnelle. Il intervient dans bien d'autres domaines encore et ses pouvoirs ont été étendus par la loi du 29 décembre 1972.

Certaines de ses attributions sont maintenant contestées. Il est vrai que l'indigence en personnel social dont souffrent les J.A.P. et le fait qu'ils assument au sein du tribunal d'autres activités sont un obstacle sérieux au plein exercice de leur mission.

Il est bien possible que parmi eux il y ait quelques magistrats insuffisamment qualifiés, mais ce manque de formation, auquel il peut être remédié, ne justifie pas des critiques de principe destinées à dégrader, et même à faire périr une institution dont notre pays peut grandement s'honorer.

Dans ce domaine, comme dans bien d'autres, je me méfie des méchants procès, menés par ceux qui n'entendent pas que la justice évolue.

Des innovations

Des dispositions, tout à fait originales pour la France, ont été insérées dans la loi du 11 juillet 1975. Elles concernent les peines.

Le tribunal correctionnel a la faculté d'infliger à titre de sanctions principales, même pour des délits qui n'ont rien à voir avec la circulation, mais qui sont punissables d'emprisonnement, la suspension du permis de conduire pendant une durée de cinq ans au plus, ou l'interdiction de conduire certains véhicules pendant le même délai.

Le tribunal peut également prononcer, comme peine principale, le retrait du permis de chasse pour tous les délits entraînant une peine d'emprisonnement, ainsi que l'interdiction de solliciter la délivrance d'un nouveau permis pendant une durée de cinq ans au plus.

Ces innovations constituent des sanctions hautement dissuasives, que le juge pénal ne doit pas hésiter à appliquer largement.

Dans bien des cas, par exemple pour l'auteur d'escroqueries ou le fomentateur de rixes, l'interdiction de se mettre au volant d'une voiture sera plus durement ressentie qu'une courte peine de prison.

Le tribunal correctionnel peut maintenant, après avoir déclaré le prévenu coupable, le dispenser sur-le-champ de toute peine si le dommage causé à la victime a été réparé et si le « reclassement » du délinquant se trouve acquis. Si le dommage est en voie d'être réparé et le délinquant en cours de reclassement, le tribunal peut ajourner sa décision.

Quant au régime du sursis, il est largement assoupli et, en cas de récidive, le tribunal a la faculté, par une décision motivée, de dire que la condamnation qu'il prononce n'entraîne pas la révocation du sursis antérieurement accordé.

Ce sont là les exemples les plus typiques des heureuses innovations apportées à notre législation en 1975.

En dépit de ce qui a été fait, notre système est encore loin d'être satisfaisant, et bien des juges se bornent toujours à distribuer les mêmes peines d'amende et de prison — d'amende ou de prison — pour des cas dont les motivations ne se ressemblent en rien, et ces peines, selon les sujets qui les subissent, ne sont pas ressenties ni éprouvées avec la même intensité et auront des répercussions très différentes.

Les amendes

Nous savons dans quelles conditions précaires elles sont recouvrées et que trop souvent elles ne le sont jamais.

Mais le système lui-même est à moderniser. Dans d'autres pays on y a pensé, et le législateur français gagnerait à s'inspirer de l'institution nordique des « jours-amendes ». Qu'est-ce à dire?

Le délinquant paie selon sa situation économique. Une condamnation à huit « jours-amendes » pour un O.S. et ce sera le montant de son salaire de huit journées qu'il devra payer. Huit « jours-amendes » pour un P.-D.G. et ce seront ses gains de huit jours qu'il devra verser à l'État. On tend ainsi à une égalisation du sort des prévenus devant la justice.

La prison?

Au lendemain de la Libération, un magistrat — qui plus tard devint premier avocat général à la Cour de cassation —, Paul Amor, prit la direction de l'administration pénitentiaire et, par des initiatives courageuses, promut une vaste réforme, au prix de mille difficultés. Trente ans après, la réforme qu'il porta sur les fonts baptismaux marque le pas.

Plusieurs de ses successeurs ont cependant poursuivi l'action qu'il avait entreprise.

L'après-guerre, ce fut le temps où des juristes, des administrateurs, des scientifiques étaient convaincus que l'incarcération effectuée dans des conditions favorables de locaux, de régime de vie et de personnel, avait une valeur éducative et formatrice. Le Code de procédure pénale de 1958 dispose lui-même que dans les prisons le régime intérieur « sera institué en vue de favoriser l'amendement des condamnés et de préparer leur reclassement social ». Les règlements d'administration publique et les décrets pris pour l'application de ce code insistent sur la resocialisation du condamné par le régime de la détention.

Alors que tout un chacun considère la prison comme la représentation même de la peine, la sanction toutes catégories, il faut rappeler qu'en tant que telle son institution est récente.

Sous l'Ancien Régime, l'enfermement était seulement utilisé pour s'assurer de la personne du délinquant. Il intervenait pour *retenir* (« ad continendos »). Ce sont les lois des 16 et 17 septembre 1791, puis le Code de brumaire an IV, enfin et surtout le Code d'instruction criminelle de 1808 qui transformèrent la prison en peine type du nouveau système répressif. Elle intervient dès lors pour *punir* (« ad puniendos »). Cependant dans l'exposé même des motifs de ce Code on lit déjà : « La loi veut la réparation du crime, mais aussi l'amendement du coupable. »

Une étude réaliste des effets sur le prisonnier de son enfermement dans le climat carcéral — qui est le plus artificiel qui soit, même s'il est aménagé — conduit à être modeste. La seule chose qui reste sûre, c'est que la prison neutralise le délinquant tant que dure l'incarcération! On ne saurait cependant nier qu'elle ait un effet intimidateur sur certains prisonniers et dissuasif sur un lot de délinquants virtuels.

Il arrive aussi qu'à la faveur de l'emprisonnement un

condamné effectue un apprentissage ou complète ses connaissances.

Mais les chances d'amendement, de réinsertion sociale? Non négligeables, elles restent cependant très limitées. Quelque réduites qu'elles soient ces chances, il faut bien se rendre compte que les prisonniers rejoindront un jour la communauté. Sinon on devrait maintenir en prison des centaines de milliers de personnes..., et les prisons françaises, déjà surpeuplées, ne peuvent guère contenir plus de trente mille détenus [5].

Cependant, si la promiscuité est évitée, si les relations avec la famille sont maintenues, si des centres d'intérêt sont organisés, si le personnel — attentif avant tout à la sécurité, c'est bien normal — s'ouvre aussi aux problèmes humains que posent les détenus, et c'est maintenant assez souvent le cas, on peut entretenir un certain espoir quant à l'avenir du prisonnier.

Soutenue par un service social disponible et efficace, sa famille restera un élément positif dans son évolution. Rappelons que ce n'est que par une loi du 2 juillet 1975 que la femme et les enfants d'un détenu ont pu bénéficier « de son chef » des prestations des assurances maladie et maternité du régime général de Sécurité sociale. Avant

5. Le décret du 23 mai 1975 répartit les établissements pénitentiaires en plusieurs catégories :

Les maisons centrales et les centres de détention, où sont incarcérés les condamnés à de longues peines;

Les maisons d'arrêt pour les autres condamnés.

Le même décret prévoit des centres de détention spécialisés, notamment des centres à régime ouvert et des centres pour jeunes condamnés (jeunes adultes).

La répartition des condamnés à de longues peines est effectuée par le Centre national d'orientation pénitentiaire.

Parmi les maisons centrales, « des établissements ou quartiers de sécurité renforcée reçoivent les condamnés qui, par leur personnalité ou leur comportement, ne peuvent être affectés ou maintenus dans un autre établissement ».

cette date lorsque la mère ne pouvait pas travailler, elle n'était pas en droit de toucher des prestations de Sécurité sociale de maladie pour elle-même ou pour ses enfants...

L'homme qui sort de prison, s'il n'est pas aidé pour régler des problèmes majeurs, celui du logement, de l'emploi, de la santé physique ou mentale, va se trouver dans une impasse, et les chances de le voir une fois encore se désengager de la société sont grandes. Pour éviter des rechutes trop souvent fatales, de plus larges moyens en personnel s'imposent.

Et les prisons « *trois étoiles* »?

Avec toutes les indispensables réserves sur les possibilités d'« amendement » qu'offre le régime carcéral, il faut considérer que les risques de voir des détenus s'enfoncer davantage dans l'antisocialité s'aggravent singulièrement si l'on ne poursuit pas une politique d'humanisation des prisons. Se fiant à une formule qui a obtenu un grand succès, beaucoup de gens croient de bonne foi que les prisons françaises sont des lieux de délice, et ils se sont gaussés ou indignés à l'évocation des prisons « trois étoiles ».

Ceux qui en parlent les connaissent-ils? Sûrement pas.

Ils auraient constaté que la plupart de nos maisons centrales sont des bâtiments surannés, souvent sordides et surpeuplés, où l'hygiène laisse plus qu'à désirer, où le froid de l'hiver est rude, où règnent la promiscuité et le caïdat.

Sans doute l'assimilation des prisons à des hôtels de luxe se fait par allusion à un ou deux établissements récemment construits, en particulier à la prison de Fleury-Mérogis, énorme complexe peuplé de plus de trois mille détenus. C'est la prison presse-bouton. Ses couloirs immenses, sur lesquels s'ouvrent et se referment automatiquement les portes des cellules — sans intervention apparente d'un gardien — sont l'expression même de la déshumanisation. L'électronique est maîtresse des lieux. A l'actif, hygiène, salubrité, cellules « fonctionnelles ».

Mais comment se fait-il qu'un journaliste du *Figaro,* Thierry Desjardins, dans un article objectif [6], après avoir parcouru cette prison « modèle », ait pu écrire : « Je n'avais jamais visité de prison, et effectivement tout ce que j'ai vu est affreux, inhumain, et j'en ai presque eu des cauchemars pendant plusieurs nuits »?

Comment se fait-il que Fleury-Mérogis soit la prison des records toutes catégories des suicides et des tentatives de suicide [7]?

Quel qu'il soit, aussi indigne qu'il soit, le prisonnier reste un être humain. Il a besoin de voir, d'entendre ses semblables, sous peine de dépersonnalisation, de destructuration totale, état proche de la folie. La technique architecturale de cette récente construction offre un univers rigoureusement concentrationnaire, qui exclut toute communication. Le personnel de surveillance n'y est pour rien.

Dans un tel climat, le jeune détenu, dont la résis-

6. *Le Figaro,* 23 janvier 1978, « Les prisons françaises? un scandale? ».

7. A Fleury-Mérogis, le taux des suicides a été en 1975 et en 1976 nettement plus élevé que dans l'ensemble des autres établissements pénitentiaires français. Cependant le nombre des suicides a sensiblement baissé dans cette prison en 1977. Cette baisse a coïncidé avec la mise en place d'un dispositif d'accueil et d'un service de dépistage médical.

tance psychique est de plus en plus faible, est exposé avant tout autre au déséquilibre et à la révolte.

Les visiteurs étrangers, surtout ceux qui viennent des pays anglo-saxons ou scandinaves, s'étonnent toujours de cette curieuse manifestation de notre conception pénitentiaire.

La libération conditionnelle et les permissions

Ce sont les mesures les plus critiquées par l'opinion publique.

Le juge de l'application des peines intervient directement dans leur octroi et leur mise en œuvre.

Dans un nombre considérable de cas, la « permission de sortir » et la libération conditionnelle se déroulent de façon très satisfaisante. Mais, si l'une ou l'autre échoue, de toutes parts on épilogue sur la « faiblesse » de la justice.

Ne nous dissimulons pas qu'à la suite d'une longue détention le prisonnier se trouve coupé du monde. Sortant de prison, il est égaré dans un univers qu'il ne reconnaît plus. Sa transplantation de la cellule au macadam est d'une brutalité telle que souvent il ne peut la supporter. La maîtrise de soi et la fermeté de caractère qui lui ont manqué dans sa jeunesse, il ne les a pas acquises en général en prison et, dès sa sortie, il est vulnérable. Il ne parvient pas alors à se réadapter, c'est presque fatal. Le retour dans la cité et dans la famille est un moment difficile à franchir. La permission lui permet de ne pas perdre contact avec la vie extérieure et la libération conditionnelle de s'y réaccoutumer progressivement. Il y est aidé par un agent de probation.

Mais il y a des bavures. On ne saurait les nier. Parfois elles sont tragiques. Elles impressionnent d'autant plus la conscience publique qu'elles sont orchestrées et exploitées sans qu'il soit tenu compte de ce qu'elles restent l'exception. Ainsi, en 1976, les juges de l'application des peines accordèrent 15 591 permissions. Seuls 190 permissionnaires commirent des infractions pénales, soit 1,21 % de l'ensemble. 19 de ces infractions reçurent une qualification criminelle (2 tentatives de meurtre, 2 viols, une séquestration, le surplus constitué par des vols qualifiés). Pourquoi ces échecs?

Les uns s'inscrivent dans cette part d'incertitude et d'imprévisibilité inhérente à toute décision humaine, même si elle a été prise après mûre réflexion, en tenant compte d'éléments sérieux. Les autres, reconnaissons-le, témoignent de décisions intervenant hâtivement et sans une connaissance suffisante du détenu. D'autres encore révèlent seulement que le nombre des agents de probation est dérisoire et que l'encadrement des libérés conditionnels n'est pas suffisamment assuré [8].

La libération conditionnelle et les permissions, si l'on prend soin d'en réduire les risques au minimum, n'en restent pas moins les mesures les plus valables pour barrer la route au récidivisme [9].

C'est dans un état d'esprit où se marieraient la pru-

8. Un décret, en date du 25 novembre 1977, modifiant l'article D.142 du Code de procédure pénale dispose que toutes les permissions de sortir seront désormais accordées par le juge de l'application des peines « en commission d'application des peines » alors que, jusqu'à cette date, le magistrat, en cas d'urgence, avait pouvoir de se prononcer seul.

9. Sur les problèmes posés par les autorisations de sortir, B. Dutheillet Lamonthézie, conseiller référendaire à la Cour de cassation, a publié une intéressante chronique dans la *Revue pénitentiaire et de droit pénal*, n° de janvier-mars 1978.

dence, l'initiative et l'imagination, qu'il serait également souhaitable d'étendre certaines formules pénitentiaires, les prisons « ouvertes », la semi-liberté, les chantiers de travail, etc.

Des catégories trop négligées

Trop souvent la peine d'emprisonnement est la seule sanction que le juge correctionnel ait à sa disposition envers de jeunes adultes de dix-huit à vingt-cinq ans ayant commis des faits d'une gravité certaine. Dans bien des cas, il faudrait qu'ils soient orientés vers des centres spécialisés. Ces centres auraient notamment pour mission de favoriser leur équilibre, tant il est vrai que de plus en plus on voit arriver dans les enceintes des palais de justice des adolescents et de jeunes hommes irréfléchis et agressifs, incapables de se maîtriser, sans possibilité de dominer leurs pulsions.

Il serait fort utile qu'à l'instar de l'Allemagne ou de la Grande-Bretagne, un statut spécial, le « statut du jeune adulte délinquant », soit introduit dans notre pays. Il est surprenant — et désastreux — que le jour même où le délinquant atteint sa dix-huitième année, il soit soustrait à toute action éducative, sauf si le tribunal le met à l'épreuve et si l'agent de probation est à la fois un éducateur et un travailleur social.

Entre la prison et la liberté avec mise à l'épreuve, inscrivons donc pour l'avenir son placement dans un centre spécialisé qui, tout en restant relativement contraignant, permettrait un espoir réel de le voir un jour rendu à une vie normale [10].

10. L'article 73 du décret d'application du Code de procédure pénale prévoit bien la mise en place de prisons-écoles « destinées à faciliter le

Et que dire des anormaux, atteints de troubles psychiques graves — parfois à la limite de l'aliénation mentale — qui forment souvent la clientèle des tribunaux? Des établissements spéciaux où ils seraient détenus, tout en recevant les soins exigés par leur état, ne figurent à ce jour dans notre équipement pénitentiaire que de façon très secondaire. Le projet de révision du Code pénal envisage ce grave problème et propose une solution.

Enfin il faut reconnaître que, trop profondément engagés dans les voies du délit ou du crime, de jeunes adultes très dangereux relèvent d'un régime de sécurité renforcée. Or la plupart de nos prisons ne sont pas faites pour les recevoir.

Le régime exigerait un personnel particulièrement qualifié. Le souci primordial de sécurité ne saurait exclure ni une chance — même légère — de resocialisation ni le respect dû à la personne.

Sur la voie d'une évolution

La justice pénale dispensée aux adultes évolue cependant, avec des fortunes diverses.

Mais il y a vingt ans l'intérêt de l'examen de personnalité, de l'enquête sociale, n'était guère ressenti.

En me référant à des souvenirs de cette époque, je revois les gros titres de la presse stigmatisant les

---

redressement des jeunes condamnés en assurant leur rééducation ou leur formation au point de vue moral, physique, scolaire et professionnel ». Mais le nombre des prisons-écoles est dérisoire par rapport à la population pénale de 18 à 25 ans. On peut citer le centre de détention de Loos et le centre ouvert d'Oermingen.

bourreaux d'enfants. La sensibilité publique était de semaine en semaine mise à vif par la divulgation de mauvais traitements entraînant des blessures, des infirmités et même la mort.

Je dois faire là une parenthèse pour dire que, si les bourreaux d'enfants ne font plus qu'épisodiquement la « une » des journaux, ils n'en existent pas moins, hélas! Leurs actions sont atroces. La révélation de leur cruauté nous bouleverse. Mais ce qu'on appelle l'actualité est ainsi faite que ses flashes sont braqués ici ou là. Chaque quotidien, ne voulant pas être en reste, surenchérit dans le même sens et retient les mêmes informations, celles qui sont les plus aptes à provoquer une émotion chez le lecteur. Et cependant...

J'ai présidé les débats de deux affaires pour lesquelles l'opinion publique fut alertée à grand renfort d'indignation.

Et cette indignation paraissait très légitime.

Deux mères coupables. L'une avait trempé son bébé dans de l'eau bouillante. L'autre avait crevé l'œil de sa petite fille d'un coup de couteau.

Tels étaient les titres — insupportables — des comptes rendus des journaux, et voilà reparties les complaintes contre la justice trop « faible ».

Pour le premier cas, le tribunal ordonna une expertise psychiatrique de la jeune mère. Il en résulta qu'elle était atteinte de débilité profonde, presque à la limite de l'imbécillité, incapable même de comprendre les consignes d'hygiène qui lui avaient été données par le dispensaire. Les faits n'en étaient pas moins horriblement cruels, mais ni l'enquête de police ni l'instruction n'avaient relevé l'état psychique de la jeune femme, dont il fallut bien tenir compte dans la décision.

Le second cas mettait avant tout en cause des conditions de vie.

Dans une mansarde vivait la coupable avec sa progéniture, deux petites filles. La chaleur, torride au mois d'août, empêchait de dormir parents et enfants. L'une des fillettes, atteinte de rougeole, geignait, pleurait sans cesse depuis plusieurs nuits. Le père, chauffeur de poids lourds, quittait chaque matin le logis sans prendre grande part à la vie commune. La mère, fatiguée, excédée, faisait dans la nervosité le ménage, c'est-à-dire, dans la misérable pièce, balayait le sol et lavait la toile cirée.

Un geste brusque et le couteau pointu quitta la table, allant s'incruster dans un œil de la petite malade, qui couchait à même le sol sur un matelas.

Ces faits furent vérifiés par une minutieuse enquête sociale que prescrivit le tribunal. Mais avant qu'elle eût été ordonnée, la mère avait fait l'objet d'une inculpation de délit de blessures volontaires sur enfant de moins de quinze ans. L'instruction avait cependant passé sous silence la circonstance aggravante de « perte d'un œil », qui aurait transformé le délit en crime, passible de la compétence de la cour d'assises. La femme n'en fut pas moins placée en détention provisoire (on disait alors préventive), ce qui avait encore ajouté à ce pitoyable drame la dislocation de la famille. La petite fille et sa sœur avaient été confiées à l'assistance à l'enfance, d'où elles réclamaient sans cesse leur maman.

Au vu des renseignements apportés par l'enquête sociale, le tribunal retint seulement le délit de blessures par imprudence, et le sanctionna d'une peine de principe. Les enfants furent rendus à leurs parents. Le service social se mit à la recherche d'un nouveau logement... Sans le secours de l'enquête, nous aurions, à coup sûr, mal jugé.

Des tortionnaires, bien réels ceux-là, restent à détecter. L'enquête de personnalité fait souvent découvrir des êtres frustes, instinctuels, inintelligents, parfois des sadiques. Ils doivent être sans relâche traqués et mis hors d'état de nuire. Et c'est à juste titre que l'on condamne ceux qui ne les dénoncent pas.

Se faire comprendre

La plupart des magistrats ont maintenant pris conscience de l'intérêt primordial que peut représenter une enquête sociale, un examen de personnalité.

Mais certains vont plus loin et, depuis quelques années, des juges d'instruction et des présidents d'audience correctionnelle, s'inspirant des techniques d'entretien, nouent un dialogue avec leurs justiciables. Des propos adaptés à leur entendement remplacent les formules obscures et conventionnelles d'une époque où les prévenus se trouvaient « matraqués » sans s'être rendu compte du processus de leur condamnation.

Si la fermeté est naturellement incluse dans le rôle du juge, il lui incombe de se faire comprendre et de découvrir les cas où un dialogue peut suffire à sauver celui qui a dévié.

Mouvement de pensée

Toutes ces idées ont été bien souvent débattues dans des réunions et des congrès nationaux et internationaux tenus à l'initiative de la Société internationale de défense sociale, du Centre de recherches de politique criminelle (l'un et l'autre présidés par le président Marc Ancel), de la Société internationale de criminologie (présidée par Jean Pinatel, inspecteur général de l'administration), de l'Association internationale des magistrats de la jeunesse (que j'ai eu l'honneur de présider, ainsi qu'un autre Français, le président Gaston Fédou), de bien d'autres instances encore, telle l'Association internationale de droit pénal (présidée par le doyen P. Bouzat). Jacques Vérin, directeur de la recherche au ministère de la Justice, a toujours apporté, dans ces réunions, une remarquable contribution.

Je n'ai retenu ici, parmi d'innombrables questions concernant le crime et le criminel [11], que celles qui sont de nature à éclairer les perspectives de la justice pénale de demain dans notre pays.

11. La prévention de criminalité, le traitement du délinquant, l'approche scientifique des phénomènes relatifs à la délinquance, la formation des personnels, etc., ont aussi été traités. Ces études ont exercé et continuent d'exercer une grande influence sur l'évolution de la pensée juridique et criminologique dans le monde.

II

ASPECTS HUMANISTES DANS L'ÉVOLUTION DE LA JUSTICE CIVILE

Des courants d'idées et des apports scientifiques concourent à orienter la justice civile vers un nouvel humanisme : la phénoménologie, l'existentialisme, le structuralisme, les connaissances que nous prodiguent les sciences de la vie et les sciences humaines qui ne cessent de progresser.

Les réalités

S'accommoder de l'abstraction pure est devenu impossible au juge civil, qui est cependant plus engagé dans le processus purement juridique que le juge pénal. La réalité des personnes et des situations qu'elles vivent ne peut plus être méconnue. Déformer, altérer tout phénomène humain pour mieux l'emboîter dans la norme juridique n'est plus admissible.

Rien ne peut illustrer plus complètement ce propos que l'évolution du droit de la filiation.

Les arcanes de la filiation

Des lois nouvelles [12] ont transformé le droit de la filiation, légitime, naturelle, adoptive, bouleversement

12. Loi du 11 juillet 1966 sur l'adoption, et surtout celle du 3 janvier 1972 sur la filiation.

hardi des règles du Code civil, devenu indispensable.

Le législateur n'a plus accepté que l'enfant continuât à être traité en objet par des dispositions légales dont l'application avait pour conséquence fréquente de le perturber gravement dans son affectivité et de compromettre son évolution. Il s'est efforcé de lui éviter, dans toute la mesure du possible, des abandons, des arrachements cruels, des transplantations traumatisantes le séparant de ceux qui l'ont élevé. Des conflits interminables avaient trop souvent pris naissance autour d'un berceau.

Les juges ont parfaitement adhéré à ces réformes. Ils les appliquent sans réticence et interprètent les textes dans leur esprit.

Les différences devant la loi entre l'enfant légitime et l'enfant naturel ont été atténuées. L'enfant adultérin est sorti de la clandestinité juridique.

La présomption de paternité, qui veut que le mari soit considéré comme le père des enfants nés pendant le mariage (sauf s'il triomphe dans une action en désaveu), n'a plus la même rigueur.

Une femme mariée qui a cessé de vivre avec son mari peut se déclarer la mère de l'enfant qu'elle met au monde sans pour autant, par sa déclaration à l'état civil, ouvrir un droit à la paternité pour celui qui est toujours son mari [13].

Une femme divorcée a la faculté, après s'être remariée avec le véritable père de son enfant, né pendant sa première union, de contester en justice la paternité de

13. Art. 313-1 du Code civil.

son ex-mari, tout en sollicitant — toujours devant le juge — la légitimation de l'enfant par suite du second mariage [14].

Un enfant est déclaré à l'état civil sous le seul nom de son véritable père. Si celui-ci le reconnaît et l'élève, il pourra devant la justice défendre sa paternité contre l'action commune de la mère et du mari de la mère [15].

Le sort des enfants abandonnés à leur naissance ou au cours de leur petite enfance est infiniment pitoyable. Aussi est-il souhaitable qu'ils trouvent la chaleur d'un foyer adoptif.

La loi du 11 juillet 1966 s'y est employée. Elle protège d'abord la famille d'adoption, en la mettant à l'abri de réclamations ultérieures de parents par le sang peu scrupuleux. Bien souvent, une demande en restitution d'enfant cachait une manœuvre de chantage. La protection due aux parents adoptifs est désormais assurée par une procédure suivie devant le tribunal de grande instance : c'est la déclaration judiciaire d'abandon.

Cette même loi de 1966 a transformé la « légitimation adoptive », en instituant l'adoption « plénière ». Elle procure à un enfant la sécurité d'un foyer. Elle est prononcée par le tribunal.

Le nombre de procès où les parents adoptifs se verront disputer un enfant par ses parents naturels ira en diminuant très sérieusement.

Resteront toujours délicats et incertains les cas où des ménages ont « recueilli » des enfants qui n'auront été ni judiciairement déclarés abandonnés, ni légalement adoptés.

14. Art. 318 du Code civil.
15. Art. 328 du Code civil.

Les apparences trompeuses : le divorce

Le temps des faux-semblants s'estompe. Mais c'est la loi elle-même qui a pu introduire les plaideurs dans une vraie comédie judiciaire. L'ancienne législation sur le divorce, à laquelle s'est substituée celle de 1975, exposait la justice à se déconsidérer.

Des époux désiraient mettre fin au lien conjugal, mais la mésentente n'impliquait pas toujours qu'ils eussent des torts sérieux à se reprocher. La loi exigeait cependant de celui qui sollicitait le divorce la preuve du comportement fautif de son conjoint.

Et le scénario se construisait. Les avocats, familiers de ces « embrouilles », conseillaient la mise en scène.

Les torts de la femme : elle simulait par exemple l'abandon du domicile conjugal, et le mari lui faisait notifier une sommation de le réintégrer ; elle la déclinait.

Les torts du mari : il adressait à son épouse une lettre farcie des plus copieuses injures.

Le juge, discret ou désabusé, entérinait et décidait : divorce aux torts réciproques. Nul n'était dupe. Mais les époux finissaient par se laisser prendre eux-mêmes à ce jeu dangereux. Ils reprenaient à leur compte les accusations qui avaient été suggérées, ressentaient avec amertume les griefs imaginaires, s'indignaient des injures qu'ils soupçonnaient d'avoir été intentionnellement venimeuses, et ainsi était créé un climat empoisonné de rancœurs réciproques dont les infortunées victimes étaient toujours les enfants.

La nouvelle loi du divorce

La loi du 11 juillet 1975, tout en maintenant le divorce fondé sur le comportement fautif d'un époux, a institué de nouvelles formes de divorce excluant la preuve de la faute.

Les époux peuvent présenter ensemble une requête pour obtenir la dissolution de leur mariage. Leur volonté commune est judiciairement constatée. Ou bien l'un des époux fait état devant le juge de faits — et non plus de fautes — « procédant de l'un et de l'autre et rendant intolérable le maintien de la vie commune ». Si l'autre époux en convient, le divorce est prononcé.

Autres innovations, on peut maintenant divorcer à la suite d'une séparation de fait de plus de six ans, ou en raison de l'état mental particulièrement altéré du conjoint.

La loi est ainsi en accord avec la conscience publique, qui ressentait la tragédie que constituaient ces mariages indissolubles en dépit de l'internement à vie d'un des époux, ou devant une séparation de fait se prolongeant pendant de longues années.

Le juge des affaires matrimoniales

La loi du 11 juillet a institué dans le même temps le juge des affaires matrimoniales, communément appelé le J.A.M. Devant lui s'effectue la tentative de conciliation. En cas d'échec, l'instance en divorce se déroule.

Le J.A.M. est loin de toujours parvenir à concilier les époux. Mais l'entretien qu'il a avec chacun d'eux contribue à « dédramatiser » le conflit, à faire prendre en compte le sort des enfants et, souvent, à amener à un accord sur ce point. Son intervention devrait notamment permettre de tempérer l'instabilité qui concerne un grand nombre de très jeunes couples. La dédramatisation qu'il s'emploie à favoriser prépare aussi le terrain à une forme de divorce exclusive de la preuve de la faute.

Le rôle social du J.A.M. est donc de première importance. Cependant pour qu'il soit efficace, il doit avoir le loisir de consacrer à chaque affaire tout le temps nécessaire. Quelques minutes de dialogue ne peuvent miraculeusement rétablir l'harmonie, ou tout au moins la sérénité d'un ménage désuni. Il lui faut doigté, patience, art de convaincre. Or dans de trop nombreux tribunaux les affaires se succèdent à une cadence qui rend sans portée beaucoup de comparutions.

Si des crédits doivent être débloqués au ministère de la Justice, ils ne peuvent être mieux employés qu'à augmenter le nombre des J.A.M. et à leur dispenser les moyens nécessaires à leur mission.

Des juges matrimoniaux ont pu instituer auprès de leur juridiction un service psychologique vers lequel ils orientent les conjoints qui leur paraissent se trouver dans un état de détresse morale ou de déséquilibre affectif. C'est une initiative prise par Gaston Fédou lorsqu'il présidait la chambre de la famille de Paris, initiative poursuivie et développée par son successeur, Henri Molines.

Les juges civils ont toujours gagné à faire preuve de finesse psychologique. Ils sont maintenant plus proches, plus introduits dans la vie des justiciables, plus amenés à les aider à administrer leur vie, à les protéger.

C'est dans cette optique que le J.A.M. est conduit,

lorsque leurs parents divorcent, à régler le sort des enfants. Il a la possibilité de procéder à leur audition s'il l'estime nécessaire, et de tenir compte des sentiments et des préférences qu'ils expriment. Un accord des parents sur la garde des enfants reste un élément important de sa décision. Il apprécie enfin les résultats de l'enquête sociale qu'il a pu prescrire.

Une jurisprudence contestable de la Cour de cassation permettait aux époux qui divorçaient de puiser dans l'enquête sociale des éléments de nature à servir de preuve pour retenir ou écarter des griefs. Elle est maintenant périmée.

La loi nouvelle dispose fort opportunément que l'enquête sociale « ne peut être utilisée dans les débats sur la cause du divorce ». Elle doit seulement servir à éclairer le juge sur l'attribution de la garde des enfants.

Dans certains cas délicats, l'enquête sociale effectuée par un service spécialisé peut être complétée, à la demande du J.A.M., par une consultation médico-psychologique.

La protection des personnes

Parmi ses missions, le juge civil a celle de protéger les personnes, non pas seulement la personne, en tant qu'entité juridique, titulaire de droits abstraits et conceptualisés, mais, dans certaines situations, la personne individualisée, originale et irremplaçable, perçue dans son existence.

Cette approche est celle du J.A.M. quand il statue sur la garde des enfants.

C'est celle du magistrat de la jeunesse qui prescrit, par voie de décisions judiciaires, des mesures protectrices telle l'assistance éducative à l'égard des mineurs « en danger ». En plus de son intervention « socio-pénale » à l'égard des jeunes délinquants, le juge des enfants mène donc une très importante action socio-civile.

C'est dans cette expérience de l'assistance éducative que le législateur puisera de précieux enseignements s'il entend conférer au juge civil la mission de protéger dans leur personne des majeurs toxicomanes, éthyliques ou présentant de profondes altérations psychiques.

Sans conteste, toutes les garanties d'une intervention judiciaire doivent être requises pour statuer sur le sort de majeurs handicapés, inadaptés, marginaux, lorsque leur comportement devient socialement dangereux ou qu'ils n'acquiescent pas aux mesures proposées par des services administratifs. C'est bien dans ce sens que le législateur s'est déjà orienté [16] en donnant compétence au président du tribunal de grande instance, pour ordonner le placement dans un établissement spécialisé d'un alcoolique dangereux [17].

L'accès au prétoire

Combien en a-t-on vu dans les galeries des palais de justice, de ces infortunés à la recherche de leur « chambre », de leurs juges, de leurs avocats... D'un garde à l'autre ils interrogent, en montrant la feuille-mystère.

16. Décret du 11 mai 1955 devenu l'art. 354-4 du Code de la santé publique.

17. Le président est saisi par le procureur de la République sur requête d'une commission médicale.

« Assignation à comparaître à huitaine franche?... » Franche?... Le papier bleu si inquiétant signifiait seulement que le malheureux avait à faire choix dans la huitaine d'un avocat (ou d'un avoué), qui « se constituerait » pour lui, c'est-à-dire qui, sur l'assignation délivrée, assurerait la défense de ses intérêts et dirigerait la procédure.

Comment deviner? Et cet avocat, comment l'atteindre?

J'ai si souvent été appelé « maître [18] », et par des gens qui n'étaient pas des illettrés, loin de là, que je sais trop quelle confusion règne dans l'esprit du public pour tout ce qui concerne la justice, et quelles difficultés rencontrent ceux qui entrent en contact avec elle.

Le jargon

Pourchasser le jargon et en débarrasser les actes judiciaires, c'est un beau projet.

Le garde des Sceaux, Alain Peyrefitte, faisant état des travaux d'une commission de modernisation du langage judiciaire, rappelle, dans une circulaire du 15 septembre 1977, tout l'intérêt qu'il y aurait à rendre le vocabulaire plus compréhensible aux justiciables, moins émaillé de locutions « disgracieuses, choquantes, voire traumatisantes », et aussi moins semé de formules « creuses ou inutiles », enfin expurgé de termes « peu intelligibles ou ambigus ».

Fini le latin de cuisine, encore plus les formules latines qui, tronçonnées, devenaient dénuées de sens, même

18. Le titre de « maître », dans le monde du palais, est réservé aux avocats et aux officiers ministériels.

pour un latiniste, telle, par exemple, l'expression « *nemo auditur*[19]... »

A l'avenir, ou tout au moins on peut l'espérer, les jugements ne seront plus « querellés » devant la cour d'appel, mais attaqués ou contestés. Ils ne seront plus « émendés » par cette juridiction, mais réformés. De même on ne plaidera plus « ès privé nom », mais en son nom personnel. On peut penser que les justiciables ne seront plus « le nommé Z », « la fille Y » ou « la femme X », mais qu'ils seront désignés « Monsieur Z », « Mademoiselle Y », « Madame X ».

Dans un litige, on parlera du défunt, et non plus du *de cujus*, d'une succession sans testament, et non d'une succession *ab intestat*, d'une décision « rendue en équité », et non plus *ex aequo et bono*, d'une indemnisation des souffrances, et non plus du vénérable *pretium doloris*. Un délinquant sera coupable d'un délit, au lieu d'en être « atteint et convaincu ». On écartera des expressions chargées de mystère pour les non-initiés, telle en matière de dépens : « M^e^ X, avocat, sous ses affirmations de droit » ou « sous ses offres de droit », ce qui veut dire que l'avocat affirme qu'il a fait l'avance des frais sans avoir reçu de provision. On tordra même le cou au terme équivoque de « louer » un local, ce qui signifie tout autant que le local est pris à bail que donné à bail. Et ainsi de suite.

19. La règle latine est : « Nemo auditur propriam turpitudinem allegans », qui, en français, pourrait se traduire : « Personne n'a le droit de se prévaloir de sa propre faute morale. » Un agresseur, par exemple, qui a été blessé en subissant la riposte de sa victime en état de légitime défense ne saurait réclamer réparation.

L'accueil

Guider le justiciable dans le dédale du palais, et aussi dans le dédale des procédures, voilà encore un beau projet.

Dans les tribunaux importants existe depuis quelque temps un bureau d'accueil, dirigé par un magistrat, pour informer ou orienter les plaideurs et leur indiquer la bonne porte.

Mais donner des conseils avant le début d'un procès, ce n'est pas le rôle du juge, c'est l'apanage de l'avocat. Félicitons-nous de l'institution à Paris, au palais et dans des mairies d'arrondissement, de services de consultations assurés par des avocats qui savent diriger les plaideurs éventuels vers des cabinets sérieux, leur évitant ainsi de s'adresser à des « rebouteux du droit », audacieux au point de donner des consultations dites juridiques à faire se retourner Cujas dans sa tombe.

Favoriser l'accueil des justiciables, c'est aussi, comme beaucoup d'entre eux le souhaitent, donner plus de souplesse au rôle du juge, lui confier des pouvoirs de conciliation et d'arbitrage.

Le nouveau Code de procédure civile dispose expressément qu'au cours de l'instance le magistrat peut concilier les « parties ». Il l'autorise également, sous certaines conditions, à arbitrer des différends sans être lié par les règles de droit, tout au moins si elles ne sont pas d'ordre public. « Amiable compositeur », pour reprendre le terme juridique, il statue en équité. Cette innovation simplifiera la vie de bien des plaideurs. Le conseiller Eugène Clavel l'a ainsi estimé au congrès de l'Union syndicale des magistrats de 1977, disant que l'arbitrage du juge permettra « de trouver des solutions de type transactionnel à des affaires complexes et touffues[20] ».

Le prix du procès

Faciliter l'accès de la justice, qui est un service public, c'est encore la rendre moins onéreuse pour les citoyens modestes. Un procès civil coûte cher. Les droits de timbre et d'enregistrement, les taxes assimilées, les frais d'instruction, et notamment ceux d'expertise, les honoraires et émoluments des avocats et des officiers publics représentent les dépenses principales du litige.

C'est à l'intention des moins favorisés par la fortune que la loi du 3 janvier 1972 a institué une « aide judiciaire » substituée à l'ancienne « assistance judiciaire ».

Un « bureau », présidé par un magistrat ou un avocat, rend sa décision en tenant compte des ressources de ceux qui sollicitent l'aide judiciaire. En cas d'octroi, l'aide accordée peut être totale ou partielle, et même devant une insuffisance de ressources la demande est rejetée si le bureau estime que l'action est « manifestement irrecevable » ou « dénuée de fondement ». Le bureau fixe le montant de l'indemnité que l'avocat recevra de l'État, « au titre de remboursement légal de ses frais et dépenses ».

Depuis son institution en 1972, l'aide judiciaire a pris un vaste essor. On ne saurait sous-estimer la lourde charge qu'elle représente pour les avocats. L'indemnité forfaitaire qui leur est allouée est loin de représenter

20. *Le Nouveau Pouvoir judiciaire*, juillet-août 1977.

dans la plupart des cas la rémunération de leur travail.

On peut se demander si, nous inspirant de l'exemple allemand, nous n'aurions pas intérêt à instituer l'assurance procès. Elle viendrait au secours de cette masse considérable de plaideurs qui ne sont pas suffisamment pauvres pour accéder à l'aide judiciaire, ni suffisamment riches pour supporter tout le poids financier d'une instance. Elle couvrirait, dans la limite d'un barème, les honoraires de l'avocat choisi par l'assuré.

Enfin, sur la proposition du garde des Sceaux, le Parlement a voté la loi du 30 décembre 1977, qui institue la gratuité des actes de justice dans les juridictions civiles (et dans les juridictions administratives). Désormais les plaideurs engagés dans une instance civile n'auront plus à payer les taxes et les droits de timbre et d'enregistrement, mais, bien sûr, ce texte ne concerne pas les honoraires, ceux des avocats, ceux des experts...

Toutes ces améliorations, d'ordre matériel ou financier, tous ces projets qui veulent rendre la justice plus accessible à tous, vont dans le sens des plus nobles options. Réalisations déjà accomplies ou projets qui proposent à la justice de mieux reconnaître l'homme dans le justiciable.

Le mouvement vers un nouvel humanisme judiciaire, dessiné à grands traits, sous-tend la justice dans ses mutations et ses aspirations. Au cœur de tous ceux qui veulent la servir, il est inscrit depuis longtemps.

C'est un grand ami de Pascal, le jurisconsulte Jean Domat, avocat au présidial de Clermont-Ferrand, auteur du *Traité des lois,* qui, il y a trois siècles, écrivait : « La justice des hommes consiste dans l'exercice de tous les devoirs où l'amour engage. »

CHAPITRE XV

JE N'AI PAS CHOISI MON ÉPOQUE

La loi change, et change aussi la jurisprudence qui l'applique et l'interprète. Elles sont l'une et l'autre tributaires des mouvements de la vie, de la pensée, des mœurs.

Un conservatisme obstiné, une répression aveugle, un tyrannisme s'exerçant aussi bien sur les comportements que sur la pensée, n'ont qu'un temps.

Le législateur et le juge, s'ils prenaient trop de retard dans la course effrénée du monde, seraient vite dépassés, et vite écrasés s'ils se bornaient à colmater les brèches d'un édifice vermoulu.

L'équité

C'est en cherchant l'équité que la justice parvient, par des jugements audacieux, à précéder l'œuvre du législateur, à la solliciter, à la préfigurer, comme par des décisions temporisatrices, elle s'applique à contenir des lois qui s'emballent.

Dans la démarche du juge, l'équité est la force qui, à la fois, stimule et retient. Dans cette lutte s'inscrit le dynamisme de la justice. Si la distance se creusait par trop entre l'équité et la loi, le juge, devenu impuissant à la combler, ne serait plus qu'un simple exégète, un rigide applicateur des textes ou un inconditionnel du politique. Sombres perspectives!

Il m'arrive, devant la confusion du monde contemporain, de me demander si je ne suis pas né trop tard. Mais, lorsque je me heurte à des sectarismes étroits, je pense que je suis arrivé trop tôt.

Dans sa quête de l'équité ou du droit naturel, le juge, bien plus souvent qu'on ne le croit, avance à tâtons, éclairé seulement par une lumière vacillante.

Cet innocent — comme il l'a lui-même jugé — n'est-il pas celui qui n'a pas protesté lorsqu'on a tué d'autres innocents? Ce faible — comme il l'a qualifié — ne possède-t-il pas une force trouble qu'il investira dans des entreprises destructrices? Cet enfant, qu'il a confié à ceux qui l'ont élevé avec tendresse, ne va-t-il pas un jour les quitter à la recherche de cette mère, de ce père fantômes dont seront hantés ses rêves d'adolescent?

« Cas de conscience »... ce ne sont pas de vains mots.

En quelques lustres, sous l'effet de phénomènes qui ne manquent pas de s'imposer au juge, à sa raison, à sa connaissance vécue, le monde s'est transformé. Les accélérations de l'histoire, les contestations annonciatrices de mutations rapides et brutales ont déconcerté les hommes, qu'ils s'inquiètent d'être dépossédés ou qu'ils se désespèrent de rester nus. Dans un besoin de sécurité, morale ou économique, ou les deux à la fois, ils opposent de plus en plus durement leurs refus ou leurs aspirations, leurs langages, leurs engagements.

Dans ces jeux dangereux, les nuances s'effacent, la sensibilité se dégrade, le dialogue se détériore, la peur s'installe; la violence est partout sous-jacente. Le rôle du juge, alors, devient douloureux.

Surmonter sa propre inquiétude dans cet univers menaçant, juger, tout en redoutant l'erreur possible, tant les situations sont devenues mouvantes, se refuser à prendre en compte les interprétations contradictoires — et souvent malveillantes — de sa décision, être conscient que l'on s'emparera de cette décision pour la stigmatiser, ou la vanter, à des fins partisanes, ces agressions nouvelles réclament du magistrat un bien grand contrôle de lui-même, accompagné de beaucoup de lucidité pour être en mesure de retrouver l'équité en oubliant les idéologies contraires qui envahissent désormais le prétoire.

Si l'on ajoute qu'il lit ou entend, venant de tous les bords, les critiques les plus radicalement opposées, qui se bornent à corroder la justice sans qu'apparaisse une volonté constructrice, on conviendra de la réalité de son tourment. Le juge est le mal aimé. Les efforts qu'il fait pour pénétrer dans chaque être qui demande ou subit la justice ne seront pas reconnus.

Lcs feux follets

A Paris, les déchirements et les drames sont aussi douloureusement ressentis qu'ailleurs, et parfois davantage.

Mais le brillant des idées, l'éclat de la pensée jaillissent de toutes parts, déformant les faits dans une vision intellectualisée. Amplifiées, altérées, moquées ou orchestrées par des chapelles, des clans, des porte-parole célèbres ou éloquents, les opinions deviennent des feux follets. Elles virevoltent et troublent les consciences, empêchent l'engagement du cœur, laissent dans l'esprit une petite place disponible pour accueillir l'idée nouvelle subtile et chatoyante, qui remplacera — ou même contredira — la précédente.

Enclin à accorder de l'importance à la pensée des autres plus qu'à la mienne, j'ai dû faire effort pour ne pas être pris dans ce tourbillon plein de séduction. Non que je me taxe de légèreté, je ne verse pas volontiers dans le dilettantisme ou le scepticisme, je ne tiens pas du sylphe aérien. Je me classerais plutôt parmi ceux qui, pour vivre, ont besoin de ressentir les réalités de la terre. Aussi ai-je cherché ailleurs mes soutiens.

La sérénité

Quand je parvenais à m'évader de Paris pour retrouver ma région natale — le Velay et ses hauts plateaux de basalte battus par les vents — quand les vraies lois, celles de la nature, s'imposaient à moi, un sentiment de solidité me parcourait, effaçant mes doutes.

Sur mon terroir, les larges coulées de lave alternent avec les forêts de sapins et les sols devenus fertiles. La brume et la grisaille y sont corrigées par le soleil du Languedoc tout proche. Toutes les misères de l'histoire, mais aussi ses lumières ont passé par là.

C'est le pays des contrastes qui s'équilibrent : le

catholicisme sombre d'un Dieu de crainte s'y est opposé longtemps à un protestantisme entreprenant, et toujours sur ses gardes pour mieux se défendre.

Aussi patriarcal et patrimonial, avec ses notables et ses paysans, que l'étaient les seigneuries d'antan, le Velay est resté jusqu'au premier tiers du siècle une terre isolée et secrète. C'est là que les questions posées par les dossiers épineux, amenés dans le coffre de ma voiture, me paraissaient trouver leurs meilleures réponses. C'est là que j'évacuais les miasmes, les fausses apparences, les vanités de la capitale. La nature et l'homme s'y ordonnent, et il me semblait participer à cette ordonnance. Les difficultés des autres et leurs problèmes devenaient davantage les miens.

Cette sérénité — que le juge recherche sans toujours la trouver — est le contraire de l'indifférence. La justice glacée, application seulement formelle de la loi, n'a plus de sens. Sous la protection de cette loi ou sous sa force contraignante, des gens vivent et souffrent. C'est dans un mouvement vers eux à la recherche d'une équité chaleureuse que la justice trouve sa finalité.

Et cette sérénité ne naît pas seulement de la contemplation des lointains bleutés de la montagne et des étranges lumières des hautes terres.

Deux petites filles qui entrent en trombe dans votre bureau, suivies du chien frétillant, — interrompant le cours d'un raisonnement ardu... — à la recherche d'une feuille ou d'un crayon, qui reviennent un quart d'heure plus tard avec le même élan vous faire l'hommage d'un dessin — « Pour te faire plaisir »... —, c'est un apport de vie, un moment de joie simple, celle qui peut être ressentie à l'unisson par beaucoup d'autres hommes, qui les rapproche, et qui crée, dans une sorte de fraternité, l'harmonie. Le calme n'est pas forcément le silence ou la solitude.

La tendresse d'un foyer où l'on partage enthousiasmes et indignations, les pulsations d'un vieux terroir, des regards annonciateurs d'une ouverture de l'esprit ou du cœur sont des plénitudes bien faites pour aider le juge à exercer une profession qui engage tout son être.

Mais les moments douloureux sont loin d'être épargnés à celui qui a pour mission d'arbitrer des conflits, de dénouer des drames. Parfois même le malheur s'installe en lui pour toujours. Atteint par des afflictions cruelles, aux prises avec la souffrance, c'est à force d'abnégation qu'il parvient à se consacrer entièrement aux affaires dont il a la charge, à assumer pour chacune, même la plus modeste, la portée de sa décision.

En robes noires ou en robes rouges, détenteurs d'un pouvoir peu commun, les juges ne sont que des hommes, ils en ont les faiblesses, les contradictions, les aspirations. Mais la fonction s'impose. Elle les porte à se dépasser.

Si la vie est forte, les dossiers sont là pour témoigner que le bonheur est fragile. Trop de gens en danger, en détresse, ont leurs noms imprimés sur ces pages, celui de la victime, celui de son bourreau, affaire X, affaire Y, à chaque ligne s'inscrit un forfait, un abus, un échec, une rupture, un malheur.

Inlassablement il faudra poursuivre la route, traverser la vaste zone des incertitudes, tenter de se rapprocher du seul but : l'équité. C'est l'espoir que chaque magistrat se doit d'entretenir en lui. Sinon, que resterait-il de la Justice et du service de la Justice? Le seul service public qui porte encore le nom d'une vertu.

ANNEXE

L'ORGANISATION JUDICIAIRE FRANÇAISE

Les magistrats professionnels de l'ordre judiciaire sont répartis dans quatre juridictions :

— le tribunal de grande instance et le tribunal d'instance;

— la cour d'appel;

— la Cour de cassation.

Le tribunal de grande instance et le tribunal d'instance rendent des « jugements ».

Rendus en « premier ressort », c'est-à-dire à charge d'appel, ils peuvent être déférés à la cour d'appel qui procède à un nouvel examen et rend un « arrêt » susceptible d'être attaqué par la voie d'un pourvoi en cassation.

Si les jugements sont rendus « en dernier ressort », seule la voie du pourvoi en cassation est ouverte.

I

LE TRIBUNAL DE GRANDE INSTANCE

A. *Sa composition*

Il est composé d'un président, de plusieurs juges, d'un procureur de la République, qui peut être assisté d'un ou plusieurs substituts.

Si le tribunal comporte plusieurs chambres, chacune d'elles est présidée en général par un vice-président.

Il existe au moins un tribunal de grande instance par département, mais, lorsque la situation démographique l'exige, il peut y avoir plusieurs tribunaux de grande instance pour le même département, chacun d'eux ayant compétence sur un ou plusieurs arrondissements.

On compte 172 tribunaux de grande instance.

B. *La compétence civile du tribunal de grande instance.*

Il juge toutes les affaires pour lesquelles la compétence n'est pas attribuée par la loi à une autre juridiction.

Les débats de l'affaire ont lieu en principe devant le président du tribunal (ou un vice-président) ayant pour assesseurs deux juges. Il est ensuite procédé au délibéré, puis au prononcé du jugement.

Mais certaines affaires simples peuvent être attribuées à un juge qui statue comme « juge unique ».

Pour d'autres causes, les débats peuvent avoir lieu devant un seul juge (juge de la mise en état ou juge rapporteur), lequel fait rapport devant ses collègues, et ainsi tant le délibéré que le prononcé de la décision continuent à revêtir une forme collégiale.

C. *Autres attributions*

Dans le cadre de la compétence civile du tribunal de grande instance, le président, ou les vice-présidents ou les juges peuvent assumer d'autres attributions.

1. Celles de juge des référés. Il prend notamment, en raison de l'urgence, toutes les mesures « qui ne se heurtent à aucune contestation sérieuse ».

2. Celles de juge de la mise en état, qui contrôle la mise en état des procédures, notamment l'échange des conclusions entre les parties lorsque l'affaire appelée devant le président

de la chambre n'est pas encore prête à être jugée. Le juge de la mise en état a également la faculté d'entendre les parties, d'ordonner des mesures provisoires, de prescrire, même d'office, toutes mesures d'instruction utiles.

3. Celles de juge aux affaires matrimoniales — le J.A.M. —, qui, vice-président ou juge, préside la chambre de la famille ou en fait partie, et dont les attributions sont particulièrement importantes dans les causes de divorce et de garde d'enfant (voir chapitre XIV).

On pourrait encore citer le juge des loyers commerciaux, qui connaît des litiges relatifs au renouvellement ou à la révision d'un bail commercial, le juge de l'expropriation, qui tranche les litiges relatifs aux indemnités d'expropriation, le juge qui préside la commission de première instance de la Sécurité sociale, laquelle connaît des différends qui opposent les caisses de Sécurité sociale et les caisses de Mutualité agricole aux assurés sociaux.

D. *La compétence pénale du tribunal de grande instance.*

Le président (ou un vice-président) et deux juges constituent le tribunal correctionnel. Cette juridiction statue sur les délits, c'est-à-dire sur celles des infractions pénales sanctionnées par la loi d'une peine d'emprisonnement d'une durée supérieure à deux mois ou d'une peine d'amende d'un montant supérieur à 2 000 F [1].

Le tribunal correctionnel se prononce également sur les demandes des « parties civiles », qui sollicitent la réparation des préjudices que leur a causés le délit.

1. Pour bien comprendre ce développement et certains de ceux qui vont suivre, il faut se rappeler que le législateur français a divisé les infractions à la loi pénale en trois catégories :

— les crimes, punis des peines les plus sévères;

— les délits, sanctionnés notamment de peines d'emprisonnement et d'amende;

— les contraventions, réprimées par des amendes ou des peines d'emprisonnement de courte durée. Les contraventions sont réparties en cinq classes.

Les tribunaux les plus importants comportent plusieurs chambres correctionnelles.

II

MAGISTRATS RATTACHÉS AU TRIBUNAL DE GRANDE INSTANCE, MAIS DONT CERTAINES DES ATTRIBUTIONS DÉPASSENT LES LIMITES DE LA COMPÉTENCE PÉNALE DE CE TRIBUNAL

A. *Le procureur de la République près le tribunal de grande instance et ses substituts*

Membre du ministère public, il constitue le parquet.

Si le procureur de la République a des attributions dans le domaine de la justice civile, son rôle essentiel est d'ordre pénal.

Il met en mouvement l'action publique, c'est-à-dire exerce les poursuites pénales au nom de la société lorsqu'une infraction a été commise.

Si le procureur de la République s'abstient de déclencher l'action publique, la victime, pour faire réparer son dommage, peut parer à l'inaction du parquet en se constituant partie civile devant le juge d'instruction ou directement devant le tribunal correctionnel.

Le procureur de la République, ou l'un de ses substituts, occupe le siège du ministère public devant le tribunal correctionnel.

Devant le tribunal de police, les fonctions du ministère public sont remplies par le procureur de la République ou l'un de ses substituts lorsque la contravention poursuivie est de la cinquième classe. Pour les autres contraventions (de la première à la cinquième classe), il peut encore tenir le siège du ministère public; sinon ce siège est occupé par le commissaire de police.

Le procureur de la République, ou l'un de ses substituts, exerce les fonctions du ministère public devant la cour d'assises, lorsque les assises sont tenues dans une ville où la cour d'appel n'a pas son siège. Sinon, c'est le procureur général ou l'un de ses avocats généraux qui est ministère public.

B. *Le juge d'instruction*

Le chapitre VI lui a été consacré.

Dans chaque tribunal de grande instance, il existe un ou plusieurs juges d'instruction.

Il « instruit », c'est-à-dire mène l'enquête judiciaire lorsque certaines infractions ont été commises et qu'il en est saisi par le procureur de la République ou par la partie civile.

L'instruction est obligatoire en matière de crime.

Elle est facultative en matière de délit, mais en fait elle s'impose dès qu'une affaire est complexe et nécessite des investigations approfondies.

Lorsque le délit n'a pas entraîné la saisine du juge d'instruction, son auteur est traduit devant le tribunal correctionnel par le parquet, qui use de la procédure de la citation directe, ou par la partie civile.

Le parquet a encore à sa disposition la procédure de flagrant délit, qui aboutit, elle aussi, à un renvoi direct devant le tribunal.

L'instruction peut encore avoir lieu en matière de contravention si le procureur de la République le requiert.

C. *Le juge de l'application des peines*

Cette fonction est exercée par un juge au tribunal de grande instance.

Les attributions de ce magistrat ont été précisées au chapitre XIV.

III

LE TRIBUNAL D'INSTANCE

Il existe en général un tribunal d'instance par arrondissement. Il est composé d'un ou de plusieurs magistrats. Ce sont les juges d'instance. Ils statuent toujours seuls, et non en collégialité.

On compte 459 tribunaux d'instance.

A. *Attributions civiles*

Le tribunal d'instance en matière civile connaît des actions « personnelles ou mobilières », en dernier ressort, jusqu'à la valeur de 3 500 F, à charge d'appel jusqu'à la valeur de 10 000 F.

En plus de cette compétence générale, le tribunal d'instance tient de la loi des compétences spéciales, par exemple en matière de baux à loyer, de pensions alimentaires entre époux ou entre parents et enfants, de contributions aux charges du mariage, d'actions possessoires [2].

Le juge d'instance possède encore compétence dans le domaine du recouvrement de certaines créances civiles pour délivrer l' « injonction de payer » et statuer sur le « contredit » éventuel.

Il préside le tribunal paritaire des baux ruraux.

Enfin dans chaque tribunal d'instance l'un des juges exerce les fonctions de juge des tutelles.

Le juge des tutelles exerce une surveillance générale sur la gestion des biens des mineurs de sa circonscription. Son contrôle est plus ou moins étendu selon que le mineur est sous le régime de l'administration légale pure et simple, de l'administration légale sous contrôle judiciaire, de la tutelle.

2. L'action possessoire ne touche pas au droit de propriété d'un bien immobilier, mais seulement à sa possession.

Il prononce l'ouverture de la tutelle ou de la curatelle des majeurs qui, du fait d'altération de leurs facultés personnelles, sont dans l'impossibilité de pourvoir seuls à leurs intérêts.

Il contrôle la gestion de leurs biens, que le régime protecteur soit celui de la tutelle ordinaire, de la tutelle en gérance ou de la curatelle.

Le juge des tutelles préside encore les conseils de famille.

Il participe à la protection des biens des majeurs « placés sous la sauvegarde de justice ».

B. *Attributions pénales*

Le tribunal d'instance possède également des attributions pénales. Il devient alors le tribunal de police, présidé par le juge d'instance qui, comme en matière civile, statue seul.

Le tribunal de police connaît des contraventions.

A la procédure ordinaire peut être substituée, dans un certain nombre de cas, une procédure simplifiée, celle de l' « ordonnance pénale ».

IV

L'INTERVENTION JUDICIAIRE À L'ÉGARD DES MINEURS DÉLINQUANTS ET DES MINEURS EN DANGER

Elle repose essentiellement sur le juge des enfants.

Son service fait partie du tribunal de grande instance du lieu où est installé le tribunal pour enfants. Mais il n'existe pas un tribunal pour enfants auprès de chaque tribunal de grande instance (en principe, un tribunal pour enfants par département, mais plusieurs tribunaux pour enfants dans les départements les plus peuplés).

Le juge des enfants fait partie du tribunal de grande instance de son siège.

Le chapitre VIII a été consacré au juge des enfants. Le lecteur est donc initié aux techniques particulières que met en œuvre ce magistrat.

Il suffit seulement de dresser le tableau où s'inscrivent ses compétences et ses pouvoirs.

A. *Intervention à l'égard du mineur délinquant*

C'est une intervention socio-pénale.

Si un crime est reproché à un mineur, l'enquête judiciaire est menée par le juge d'instruction.

Si un délit lui est reproché, l'enquête judiciaire est menée par le juge des enfants, mais la loi donne la faculté au procureur de la République de saisir le juge d'instruction.

L'enquête achevée, le mineur ne faisant l'objet ni d'une décision de relaxe de la part du juge des enfants, ni d'une ordonnance de non-lieu de la part du juge d'instruction, est jugé de la façon suivante :

1. Il est prévenu d'un délit.

Le juge des enfants peut statuer seul, lorsque la décision est au nombre de celles qu'il a pouvoir de prendre sans être assisté de ses assesseurs.

Dans le cas contraire, il renvoie l'affaire devant le tribunal pour enfants qu'il préside, assisté de ses deux assesseurs.

Les mineurs dont l'affaire a été instruite par un juge d'instruction sont également jugés par le tribunal pour enfants.

Les mineurs ayant commis des contraventions de la cinquième classe [3] ne comparaissent pas devant le juge d'instance — juge de droit commun en matière de contraventions —

3. Les contraventions de la cinquième classe sont les contraventions les plus graves. On peut citer parmi elles la contravention de coups et blessures volontaires n'ayant pas entraîné pour la victime une incapacité temporaire totale de travail excédant huit jours, la contravention de blessures involontaires n'ayant pas entraîné pour la victime une incapacité temporaire totale de travail supérieure à trois mois.

mais relèvent de la compétence du juge des enfants, et éventuellement du tribunal pour enfants.

2. Le mineur doit répondre d'un crime.

Ou il a moins de seize ans, et il est jugé par le tribunal pour enfants.

Ou il a plus de seize ans, et il est jugé par la cour d'assises des mineurs, présidée par un conseiller de cour d'appel, assisté de deux juges des enfants, auxquels se joint le jury criminel.

Le mineur ayant commis un crime ou un délit fait l'objet de mesures protectrices et éducatives.

Toutefois, s'il a plus de treize ans, il peut encourir une condamnation pénale « en raison des circonstances et de sa personnalité », dit la loi. Il bénéficie alors de l'excuse atténuante de minorité. S'il a plus de seize ans, l'excuse atténuante de minorité peut être écartée.

Lorsqu'une mesure protectrice et éducative est prononcée, le juge des enfants peut, pendant son exécution, la reconsidérer, soit pour y mettre fin, soit pour lui substituer une autre mesure — toujours protectrice et éducative — adaptée à l'évolution du mineur.

B. *Intervention à l'égard du mineur en danger*

C'est une intervention socio-civile, et il suffit de rappeler que le juge des enfants, après avoir mené l'enquête, statue toujours seul, prenant une mesure dite d' « assistance éducative » (qui ne saurait jamais avoir le caractère d'une condamnation pénale) [4].

4. En dehors de son intervention à l'égard des mineurs délinquants ou en danger, le juge des enfants a encore pour attributions la désignation des tuteurs aux allocations familiales.

V

LA COUR D'APPEL

Elle statue sur les appels des jugements rendus en premier ressort par le tribunal d'instance et le tribunal de police, le tribunal de grande instance et le tribunal correctionnel, le tribunal paritaire des baux ruraux, la commission de première instance de Sécurité sociale, ainsi que sur les appels des jugements en premier ressort émanant du tribunal de commerce et du conseil des prud'hommes.

Elle connaît également des appels des décisions du juge des référés, du juge des loyers commerciaux, du juge de l'expropriation.

L'appel des ordonnances des juges d'instruction est porté devant la chambre d'accusation, qui constitue l'une des chambres de la cour d'appel.

L'appel des décisions du juge des enfants et du tribunal pour enfants est porté devant la chambre spéciale de la cour d'appel chargée des affaires des mineurs.

L'appel des ordonnances de non-conciliation rendues par le J.A.M. en matière de divorces et de séparations de corps et des autres décisions de ce magistrat, lorsqu'elles sont susceptibles de recours, est porté devant la cour d'appel.

La cour d'appel est présidée par un premier président.

Elle comporte plusieurs chambres, les unes civiles, les autres pénales.

Chacune d'elles est composée d'un président de chambre et de plusieurs conseillers.

En général, l'affaire est portée devant trois magistrats, mais, pour certaines affaires, le nombre peut être plus élevé.

Il est possible, avec l'accord des avocats, que les plaidoiries soient entendues par un seul magistrat, qui fait ensuite rapport devant ses collègues de la chambre.

Un parquet général siège auprès de la cour d'appel. Il est dirigé par un procureur général, assisté d'un ou plusieurs avocats généraux et de substituts généraux.

Pour les affaires en instance devant la cour d'appel, le nouveau Code de procédure civile a conféré au premier président d'importants pouvoirs qu'il exerce en référé.

On compte trente cours d'appel dans la métropole, auxquelles s'ajoutent, pour les départements d'outre-mer, trois cours d'appel, qui ont leurs sièges à Fort-de-France, à Basse-Terre et à Saint-Denis-de-la-Réunion.

VI

LA COUR D'ASSISES

Les crimes, à l'exception de ceux contre la sûreté de l'État, de ceux relevant des tribunaux militaires et de ceux qui, commis par des mineurs, relèvent des tribunaux pour enfants ou de la cour d'assises des mineurs, sont jugés par la cour d'assises.

Il existe une cour d'assises par département. Une session d'assises se tient en principe tous les trois mois.

La cour d'assises est présidée par un président de chambre ou un conseiller de cour d'appel. Il est assisté de deux assesseurs qui, dans une ville où siège une cour d'appel, sont des conseillers et, dans les autres villes, des magistrats du siège appartenant au tribunal de grande instance.

Elle comporte en outre le jury criminel, composé de neuf jurés.

Comment sont choisis les jurés? Une liste départementale des jurés est établie annuellement. Elle concerne des citoyens honorables de vingt-trois à soixante-dix ans.

Avant chaque session, une liste de « session » est tirée au sort parmi les noms figurant sur la liste départementale (vingt-sept jurés). Au surplus, six jurés suppléants sont tirés au sort sur une liste spéciale.

Puis, pour chaque affaire, neuf noms sont tirés au sort parmi les noms inscrits sur la liste de session, la défense et le ministère public disposant d'un droit de récusation.

VII

LA COUR DE CASSATION

Pour faire pénétrer le lecteur dans l'univers de la Cour de cassation, j'ai dû, au chapitre XI, donner quelques explications sur le rôle de cette juridiction nationale ainsi que sur la procédure qu'elle suit, procédure aboutissant soit au rejet du pourvoi, soit à la cassation de la décision attaquée.

Quelques observations techniques préciseront quand un justiciable peut se pourvoir devant la Cour de cassation et comment y sont orientées les affaires.

Sont susceptibles de pourvoi les décisions rendues par les juridictions de l'ordre judiciaire.

Faut-il encore que la décision ait été rendue en dernier ressort, c'est-à-dire qu'elle ait été rendue sur appel, ou que l'appel n'ait pas été juridiquement possible.

La Cour de cassation est présidée par un premier président.

Elle comporte :

1. Cinq chambres civiles, dont une, qui porte le nom de chambre commerciale, se voit attribuer les affaires commerciales, et une autre, qui porte le nom de chambre sociale, a dans ses attributions les affaires de Sécurité sociale, d'accidents du travail et de droit du travail.

2. Une chambre criminelle, qui prend en charge les affaires pénales.

Elle statue de surcroît sur les pourvois en révision contre des décisions pénales ayant acquis l'autorité de la chose jugée, mais entachées d'une erreur de fait ; par exemple des éléments nouveaux ont été recueillis, de nature à établir l'innocence du condamné. Le pourvoi en révision constitue donc un cas exceptionnel où la Cour de cassation juge « en fait ».

Chaque chambre est composée d'un président de chambre et d'un certain nombre de conseillers, de onze à quinze, sauf en ce qui concerne la chambre criminelle, qui compte un nombre plus élevé de conseillers.

Aux conseillers s'ajoutent des « conseillers référendaires » — une vingtaine — magistrats de grade moins élevé qui siègent avec voix consultative, sauf dans les affaires qu'ils rapportent eux-mêmes, et où ils ont voix délibérative.

Il existe un parquet général auprès de la Cour de cassation, ayant à sa tête un procureur général, assisté d'avocats généraux.

Chaque chambre siège séparément, mais des magistrats de toutes les chambres ou de plusieurs chambres peuvent se trouver rassemblés pour statuer sur certaines affaires. Ce sont les formations spéciales de la Cour de cassation : l'assemblée plénière d'une part, la chambre mixte d'autre part.

L'assemblée plénière est saisie lorsque, après cassation d'une première décision et renvoi devant une autre juridiction, la deuxième décision est à nouveau attaquée devant la Cour de cassation par les mêmes moyens.

Le renvoi devant une chambre mixte est décidé dans certains cas, notamment « lorsque l'affaire pose une question de principe ou une question relevant normalement des attributions de plusieurs chambres, ou encore lorsque sa solution serait susceptible de causer une contrariété de décisions ».

www.ingramcontent.com/pod-product-compliance
Lightning Source LLC
LaVergne TN
LVHW010018081026
849535LV00016B/1120

* 9 7 8 2 2 4 6 0 0 6 6 1 9 *